1917—2019

百年贝聿铭

东方与西方 权力和荣耀

修订版

李 菁
贾冬婷——著

生活·讀書·新知 三联书店 生活書店 出版有限公司

本书封面照片由 Michael O'Neill 拍摄，视觉中国供图

图书在版编目（CIP）数据

百年贝聿铭：东方与西方　权力和荣耀 / 李菁，贾冬婷著. -- 修订版. -- 北京：生活书店出版有限公司，2025. -- ISBN 978-7-80768-536-4

Ⅰ. K837.126.16

中国国家版本馆 CIP 数据核字第 2025NY6204 号

责任编辑　张　健
特约编辑　王历炫
装帧设计　罗　洪
责任印制　孙　明
出版发行　生活書店出版有限公司
（北京市东城区美术馆东街 22 号）
邮　　编　100010
印　　刷　北京启航东方印刷有限公司
版　　次　2025 年 10 月北京第 1 版
2025 年 10 月北京第 1 次印刷
开　　本　889 毫米 × 1194 毫米　1/32　印张 9.5
字　　数　148 千字　图 54 幅
印　　数　1—5000 册
定　　价　68.00 元
（印装查询：010—64052066；邮购查询：010—84010542）

目 录

序　言

跨越东西方的人

贝聿铭这个名字，似乎是一个超越了时代的存在。与之相联系的那些建筑物——卢浮宫金字塔（1989）、香山饭店（1982）、苏州博物馆（2006）……都被时间证明了永恒性，甚至到2012年，还有一座折纸状的圣堂在日本美秀美术馆落成。2019年5月16日，年逾百岁的贝聿铭逝世，但建筑师之名，却因为这些建筑而永存。

在某种意义上，建筑与我们面对的一些最重要的问题息息相关——权力、荣耀、记忆、身份。一个建筑师是如何通过建筑来回应这些终极问题，并将它们带到永恒的？而超越建筑师身份之外，贝聿铭又是如何见证和参与这一个世纪的历史的？

更让人感兴趣的，是贝聿铭对东西方文化的跨越。在西方现代性的想象中，世界最基本的秩序表现为两组二元对立：时间秩序上的古代与现代、空间秩序上的东方与西方。作为两种既对立又互补的精神因子，东西方的二元性也蕴含了人类精神终极结合的张力——西方理性的、伦理的、实证的、应用的精神正需要东方倾向于内心生活和直觉思维的精神的补充。在全球化背景下，我们渴望从民族和国家的藩篱之中挣脱出来，去寻求一种更丰富、更包容的世界性视野。因此，如何跨越东方和西方之间的这道“玻璃门”，更成为人类命运的重要母题。

纵观东西文化交流史，完成这种跨越的人寥若晨星。其中，贝聿铭是一个难得的样本——他从截然不同的文化土壤中汲取了精华，又游刃有余地在两个世界里穿梭。前辈建筑师柯布西耶式的圆形镜框和后面那双神采奕奕的眼睛、永远上扬的嘴角、考究又不至于古板的西装、风度翩翩又有分寸感的态度，都给人一种精妙的平衡感，以至于贝聿铭多年的合作伙伴亨利·考伯形容他为“文化意义上的男扮女装者”。某种意义上，贝聿铭是东方和西方、艺术和商业、阴与阳、新与旧等多重矛盾的统一体。

身为一个华裔美国人，贝聿铭在他的建筑王国里跨文化的成就斐然。1964年，贝聿铭击败名气比他大得多的路易斯·康，被肯尼迪总统的遗孀杰奎琳选为肯尼迪图书馆的建筑师，此后两人成为至交，因为和肯尼迪同年的贝聿铭不但看上去是一位贵族，更是一位有改革精神的年轻绅士，正如其亡夫予世人的印象。1978年，几乎是美国最重要的公共文化建筑——国家美术馆东馆建成，贝聿铭以充满激情的几何结构有力驳斥了现代主义运动已经衰落的论调，1983年更被授予建筑界的最高奖项——普利兹克奖。1982年，法国总统密特朗出人意料地邀请贝聿铭主持卢浮宫扩建工程，他的身份也在一定程度上帮了忙——一方面，他可以带来新世界的灵感和效率，却不会给人招摇过市的美国人的印象；另一方面，他的中国血统仿佛给他注射了预防针，使他得以抵御法国的排外主义。这个1989年建成的玻璃金字塔在争议声中成为巴黎最新的“纪念碑”，也给贝聿铭笼罩上一层无往不胜的光环。更具跨越意义的是，自1979年中美建交之后，贝聿铭就作为中美关系的桥梁性人物，被屡屡邀请重返中国设计标志性建筑，包括建成于1982 年的香山饭店、1989年的香港中银大厦、2001年的北京中银大厦、2006年的苏州博物馆新馆，还有2009年的中国驻美国大使馆，在一定意义上完成了文化寻根和重建；而建成于1997年的日本美秀美术馆、2008年的多哈伊斯兰艺术博物馆，则是在更大跨度上对人类文化精髓的探寻。

贝聿铭对文化的跨越当然不只局限在建筑领域。正如尼采所说，"建筑是一种权力的雄辩术"，尽管不愿担任政治角色，但贝聿铭在职业生涯中，却屡次站在历史事件的台前。最有戏剧性的一幕是1979年邓小平访美的破冰之旅中，在肯尼迪中心的一次招待晚会上，贝聿铭在其中两幕间担任了报幕员；美方还特意安排邓小平在刚建好的美国国家美术馆东馆发表演讲，该馆的建筑师正是贝聿铭。而在此之前的一年里，邓小平已经两次邀请贝聿铭回到做好准备迎接改革开放的中国，希望他能在紫禁城周围留下美国式的现代化印记，而他最终选择在北京西北郊的香山建一座低层饭店，并影响了故宫周边高度限制政策的出台。可以说，在贝聿铭身上并存着两个世界，而他也同时被两个世界所需要。

某种意义上，这出于历史的偶然。如果将贝聿铭的一生分为三个阶段，那么，第一个阶段是1917年到1935年，他在中国，而且是在一个某种意义上无法再现的传统中国：他出生于1917年的广东，封建帝制刚刚分崩离析，中国正挣扎着要以还在襁褓中摇摇晃晃的现代制度取而代之。贝聿铭的父亲——银行家贝祖诒带着全家从广东到香港，再到上海，既是寻找避风港，也是占领桥头堡，要在这个东西方文化的对撞点上寻找一条现代中国路径。相对于半西方城市的上海，相邻的苏州则是传统的中国城市，中学时期的贝聿铭会在每年暑假去苏州的祖父家，学习一整套儒家礼仪。这个阶段直到1935年，贝聿铭去美国求学。两年后，“七七事变”爆发，中国成为一个回不去的故乡。第二个阶段在美国，从他1935年去求学，到1978年以个人名义被邀请回国，正值美国现代主义建筑最盛行的时期。他拜在现代主义建筑奠基人之一的格罗皮乌斯门下，又在其漫长的职业生涯中始终如一地捍卫着现代主义，也借此确立声名。第三个阶段从1979年中美建交、中国改革开放直至他逝世，贝聿铭游走在中美之间、东方和西方之间，作为寻根者，也作为更广泛意义上的文化跨越者。

可以说，贝聿铭经历了东西方两种文化最好的时期，又恰好躲过了它们的灾难期和衰退期，从两个对立又互补的世界中汲取了精华：中国赋予他儒家的洞察力、根深蒂固的平衡感，以及扎根传统的贵族特有的权威感；而另一方面，美国使他能够从过去的历史重荷中解放自己，成为现代主义流派的代言人。

在贝聿铭所见证的这个世纪之初，东方和西方曾爆发过相互交流和碰撞的“火柴热”。这场文化的发酵延续至今，我们每个人都被卷入其中，不仅要拥抱文化和制度上那些激动人心的转变和多元化，而且要面对传统的世界观和价值观的空前裂变和崩塌。在这个过程中，要抛弃什么，要坚守什么？如何在全球化环境下建立一种既包容又自我的视野？对这些问题的思考，也是我们希望带读者去深入观察贝聿铭的原因。

为了走近贝聿铭，我们在纽约的贝氏事务所拜访了贝聿铭的两个儿子——同样是建筑师的贝建中和贝礼中，听他们讲述了作为建筑师和父亲的贝聿铭；见到了贝聿铭的几位前助手、项目参与者和传记作者，还原了他的成名史、他最重要作品的出炉过程；去上海和苏州寻访了贝聿铭和贝氏家族的生活史，并实地探访了贝聿铭晚年在中国的作品，还原了他对中国现代建筑语言的思考和实践；还询问了包括法国前文化部部长雅克·朗在内的“大卢浮宫”项目参与者，解密了围绕贝聿铭这一转折性作品30年来的争议与和解。

让我们以贝聿铭对自身跨越者身份的描述来进入这本传记：“如果你对人类情感的历史——那也正是建筑史的本质——进行思考，你会注意到，最为硕果累累的想象力的发展，总是在两种或两种以上相互对立的思想或情感方式碰到一起时发生。这些思想或情感方式也许扎根于彼此非常对立的文化土壤中，但如果它们真的能碰到一起……那么，一种出人意料的含义丰富的关系就会出现。由于我生命中的对立面逐渐获得一种互补性，我在这些方面感觉到了发展。与此相比，这些年中我在设计建筑方面取得的进步就不再那么新颖、有用、令人振奋。这好比是播种和收割，季节和情绪的循环，光和洞察力的运动，你种下的东西什么时候可以收获，你永远不会搞得很清楚，收获也许是一次性的，也许是重复进行的。你也许会忘记你种下了某种东西—— 一种经历、一种观念、与某人的关系或一种哲学、一项传统。然后，突然间它就开花了，而且是由截然不同的环境促成的。这样的开花现象能穿破墙壁，甚至突破整个时代。”

1

第一章

两个世界的源头

吴中贝氏

当1917年4月26日，贝聿铭出生的时候，算起来，他已是吴中贝氏的第十五代，也是其家族入谱的64个“聿”字辈男丁中的一员。贝氏家族已经在苏州绵延500年。不过，贝聿铭这一支大多散落在海外，在苏州很难寻访到。如果说还有什么家族的有形象征，那就是山塘街上的贝氏祠堂。

山塘街一头连接着苏州的西城门阊门，一头连接着名胜虎丘。据说这条街还是白居易在苏州任刺史时修建的，他让人在河道淤塞的虎丘山附近开河筑路，开凿山塘河，河道在阊门与大运河相接，这条河的堤岸就成了山塘街。从阊门进入山塘街，一下子就进入了苏州的繁华市井图中。不过，这种现代城市包围下的老字号聚集地毕竟只是一种遗存，在苏州人眼里，山塘街最辉煌的时期在明清，在乾隆年间创作的《姑苏繁华图》中。当

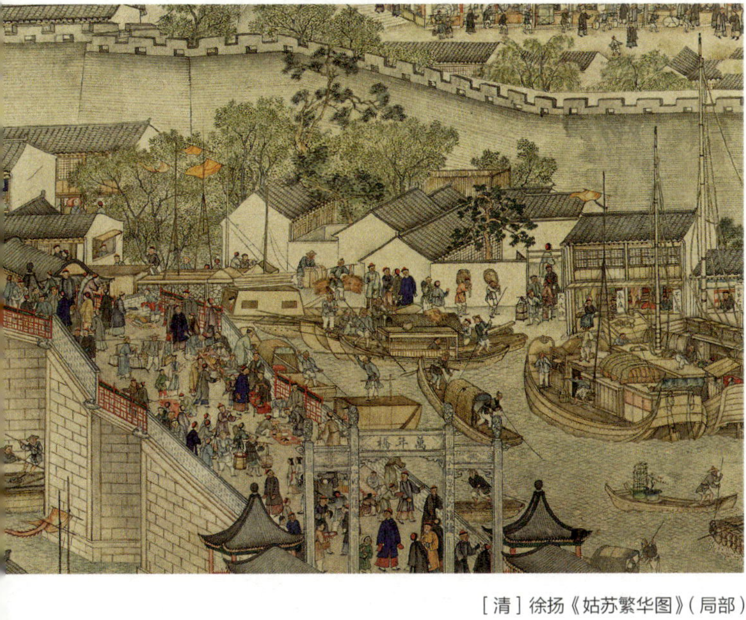

［清］徐扬《姑苏繁华图》（局部）

时，画家徐扬选了苏州的一村、一镇、一城、一街入画，其中的“一街”就是山塘街，展现出“居货山积，行云流水，列肆招牌，灿若云锦”的景象。曹雪芹在《红楼梦》中，也把阊门和山塘一带称为“最是红尘中一二等富贵风流之地”。如今，商业只集中在靠近阊门的一段，再往西走，店铺渐少，民居增多，河道景观也逐渐显现。山塘街可以说是最有苏州特征的街道，民居前门临街，后门临河，通过一座座石桥与对岸的街道相连，所谓“人家尽枕河”。作家陆文夫曾在山塘河边居住，现在的景观和他当年的描述相差不大：“从船上搭起一张跳板，就可以从后门走进家里。许多人家的后门外都有一个水码头，那水码头也十分奇特，是用长长的条石插进石驳岸，没有栏杆，没有扶手，像悬梯似的下到水面。美丽的苏州姑娘飘飘然在悬梯中上下，洗菜，淘米，捣衣。”

沿河走到桥头，苏州人称桥堍的地方，出现一处斑驳的石制牌坊，这就是603号“贝氏祠堂”，至今贝氏后人仍将其作为祭祀祖先和家族聚会的场所。祠堂正厅上悬“清河世家”匾额，指明贝氏的源头是河北清河贝丘，后裔以地为氏。祠堂里的兰花，是为了纪念到苏州的贝氏第一代贝兰堂在明代中叶从浙江金华兰溪迁来的历史——兰溪的山上盛产兰花。对兰花的喜爱也被后世继承，据说，清代到民国的苏州兰花比赛上，贝家总是能拔得头筹，甚至有种兰花还以贝氏命名。

关于“贝兰堂”这位贝氏家族的起始人，贝家家谱和当时的史料都没有确切记载。我们能知道的是，这位从金华闯荡吴中的年轻人，读过几年私塾，通些医理，来到苏州行医。作家张一苇曾经特地寻访过吴中贝氏家族的故事。她说，贝兰堂北上到苏州时，正是人口流动活跃的明朝中叶，苏州的吴门医派在当时已经小有名气，于是他在此开始了药材生意。据考证，贝兰堂在阊门外南濠街租下一两间屋子，那里因为靠近城门和码头，是移民的首选落脚地，也便于商贸集散。贝兰堂于是定居苏州，成为“新苏州人”，也由此开启了一个家族的传奇史。

可以理解的是，贝家此后几代的资料并不细致而完整。我们只知道，到了贝家第三代，他们不仅继承了祖父贝兰堂的医药生意，还将药摊扩大为药店；到了第七代贝慕庭，开始置地造物，收购园林，跻身苏州有名的“戈、毛、毕、贝”四富之列，也是在他的手上，曾祖

典型的苏州民居前门临街，后门临河，
所谓“人家尽枕河” 蔡小川 摄

母程氏含辛茹苦使吴中贝氏得以绵延的事迹彰显，修建了节孝祠；八代贝模从阊门外迁居至城内桃花坞，此后数代更是分门立户，居住在苏州各处，形成桃花坞贝、西花桥贝、华阳桥贝等多个分支。张一苇说，医药是贝家祖业，但从十三代开始，“新学”渐兴，贝家也开始将触角拓展到其他领域，比如十三代贝润生，也是贝聿铭的叔祖，成为上海有名的颜料大王。

贝氏祠堂的牌坊上刻着“节孝”二字，原为七代贝慕庭于清乾隆时期创建的节孝祠，但这里并不是原址。苏州政协文史委秘书处处长夏冰说，贝氏节孝祠在20世纪50年代变为粮店用房，牌坊也因此保留下来。1998年，昆山的千灯古镇要修复顾炎武故居，到处寻找古建材料，正好山塘街这一带当时要修北环路万福桥，这幢房子也要拆除，于是将几进房屋的建材编号，移到千灯古镇去了。夏冰在2007年参与了贝家祠堂的修复工程，他说，当时因为要扩宽北环路，就将祠堂从原址向东移了50米，牌坊还在，后面的建筑则是重建的，由东西两路组成，东路为三进辅房，西路为祠堂和花园。夏冰特地询问了贝聿铭的意见，贝聿铭回复："一、目前的选址距离高速公路较近，能否更换？二、平面布局偏大，将来祠堂内存放内容为何？能否将规模减小为祠堂一间即可？"两年后祠堂建好，贝聿铭已经不能长途旅行，委托儿子贝建中来寻找"贝家的DNA"。

这么多年过去，贝聿铭与苏州的贝氏家族只有一种遥远的精神联系了。住在吉庆街的一处老房子里的贝织芸，是贝家第十四代，也是如今在苏州的贝氏家族中辈分最大的一位。在2010年初山塘街贝家祠堂的开幕典礼上，贝织芸作为贝氏家族的代表发言。她认为，这是对辈分的尊重和礼遇。"这在60年前是不可想象的。那时候任何的家族活动，女子不仅不能讲话，连门都不能进。女子还不能进入家谱，称呼都用男性的方式，如父辈的姊妹称为‘伯伯’‘叔叔’，母亲的姊妹叫‘舅舅’等。”87岁的她是十四代中年纪最小的，比十五代的贝聿铭还小13岁，虽如此，贝聿铭也要喊她一声“小娘娘”，即小姑妈。这种关系其实离得很远，她的祖父和贝聿铭的曾祖父是亲弟兄。她说，贝聿铭那一支是“西花桥贝”，全是经商的；他们这一支是“桃花坞贝”，则基本全是读书人。她还记得曾跟父母去给贝聿铭的祖父贝理泰拜年，她称呼贝理泰“二伯父”，印象中他总是很权威，腰板挺直的金融家形象。而很小的时候去祠堂时，贝织芸作为女孩子只能站在门外，对当时十几岁的贝聿铭仅有模糊印象，听说他书读得好。

贝织芸的父亲贝晋眉也是个传奇人物。她说，父亲因为排行老七，人人都尊称一句“七爷”或“七叔”。他继承了嗣父母在湖州的药业家产，但基本不亲自掌管，一心痴迷于唱昆曲。“来家里请他看身段的、听唱腔的，不计其数。父亲一口京片子，音色脆亮，他又吹笛又教唱，家里热闹得像开堂会。父亲还十分讲究衣着，十分要美的。他常穿中式衣服，绸的长衫，软缎的圆口鞋，配上各色丝袜。他对孩子相当威严，但是，如果唱曲的笛声一响，阿爸对我们孩子那就完全不管了。”在贝织芸印象中，父亲和四伯伯贝寿同特别投机，“四伯伯也讲究穿着，但与父亲不一样。总是西装、披风、皮鞋咯噔，他不苟言笑，但是喜欢跳舞”。她说，兄弟二人也走上了完全不同的路，贝晋眉成为昆曲大家，后来与人合作创立了苏州昆曲研习所，而贝寿同则是最早用庚子赔款留洋的学生之一，毕业于德国夏洛顿槃工业大学建筑系，回国设计了几处法院和监狱。“不知道贝聿铭后来学建筑，有没有受到他的影响。”

作为贝晋眉最小的孩子，贝织芸并没有从父亲那里继承来昆曲的精髓。她说，他们这一代唯一唱得好的是大哥涣智，他在1988年就去世了。贝织芸后来做了中学老师，退休后住在单位老房子里，家里的陈设也简朴。贝聿铭1974年以来回苏州的几次，她都没有见过，他太有名，想见他的人太多了。张一苇说，贝聿铭本人一直与在苏州的家族成员保持着若即若离的关系，或许隐藏着复杂的心绪。他曾说：“我可能是他们中的任何一个人，他们中的任何一个人也可能是我。”

苏州山塘街贝氏祠堂，2009年修复
蔡小川 摄

童年与故乡

贝聿铭的祖父贝理泰是贝氏家族的第十三代。贝理泰生于清同治五年（1866年）9月，卒于1958年。其父贝晋恩曾在浙江为官，告病还乡后，与人合伙在苏州一带经营典当、酱园等生意。贝理泰青少年时便中得秀才，20岁时成为苏州府学贡生。在他即将踏入官场时，不幸父亲去世，他只得放弃仕途，挑起了家庭的重担，打理父亲遗留下的产业。经过七年的苦心经营，他将家族产业经营得十分红火，并且得以脱身，计划自己的将来。因其极善理财，人品口碑极佳，知县吴次竹很赏识他，聘他为幕僚，掌管赋税和财会工作，人称“钱谷师爷”。

1892年，27岁的贝理泰来到上海，出任吴淞口货捐分局的赋税会计。之后十几年里，贝理泰在江南许多地方担任赋税会计，颇有点像今天的职业经理人的角色。1915 年，江苏人陈光甫创办上海商业储蓄银行，贝理泰出资5000两入股，成为董事。两年后，上海商业储蓄银行在苏州开办分行，贝理泰以总行董事身份兼任苏州分行经理。这在苏州是首家私营银行，贝理泰也堪称苏州兴办股份制商业银行的第一人。1922 年，他当选为苏州总商会第三届会长。

浸润银行业多年的贝理泰也在当年逐渐赢得了声望和影响。贝理泰不仅在商业上取得了不小的成就，还热心公共事业。他建筑道路，还建立了一所孤儿院、一家医院和一所幼儿园。贝理泰交游甚广，家中经常高朋满座。喜欢菊花的贝理泰在每年秋天组织赏菊会，招待各界人士。

出生于1893年的贝祖诒是贝理泰的第三个儿子。贝祖诒毕业于苏州东吴大学唐山工学院，早年曾在盛宣怀创办的汉冶萍煤铁厂矿公司上海办事处担任会计，不久，转入中国银行北京总行，在总管理处担任会计之职，开始了他在中国银行的职业生涯。不久，贝祖诒与在东吴大学上学时结识的庄莲君结婚。

1915年，贝祖诒调任中国银行广州分行代理会计主任。1917年4月26日，庄莲君在广州生下了她与贝祖诒的第二个孩子，也是他们的长子贝聿铭。聿铭，意思是“璀璨的雕刻”。这个颇有预言意味的名字其实是根据族谱的排序，“聿”来自“聿念世德”的道德规范，“铭”则是遵循世代以“金、木、水、火、土”偏旁部首来命名的原则。

值得一提的是，贝聿铭出生的这一年，也正是中国近代历史发生剧烈变革的时刻。这年7月，因段祺瑞为首领的北洋军阀解散国会和废弃《临时约法》，孙中山联合西南军阀，在广州建立军政府，并被推举为大元帅，进行护法战争。

1918年，广东军政府要求中国银行广州分行提供现金，帮助北伐军北上消除军阀割据局面，把全国统一在中央政府的领导之下。分行经理经不住压力，辞职而去，贝祖诒接任，但他拒绝了资助要求，惹怒了国民军。面临着逮捕威胁的贝祖诒带着妻子和两个年幼的孩子南下逃往香港，在那里重建分行，并在英国法律的保护下管理分行的存款业务。

贝聿铭在香港度过了童年。直到1927年，贝祖诒回到上海。“上海离苏州不远，我的祖父坚持让我夏天去苏州，因为我是长孙，理当更了解家族事务。”贝聿铭后来回忆。直到此时，贝聿铭才体会到家族的意义——“我儿时在香港，从未感受到这一点。”

贝聿铭后来自认为在性格上更多地受母亲影响。母亲待人热情，朋友多，也很受人尊敬，这些方面对贝聿

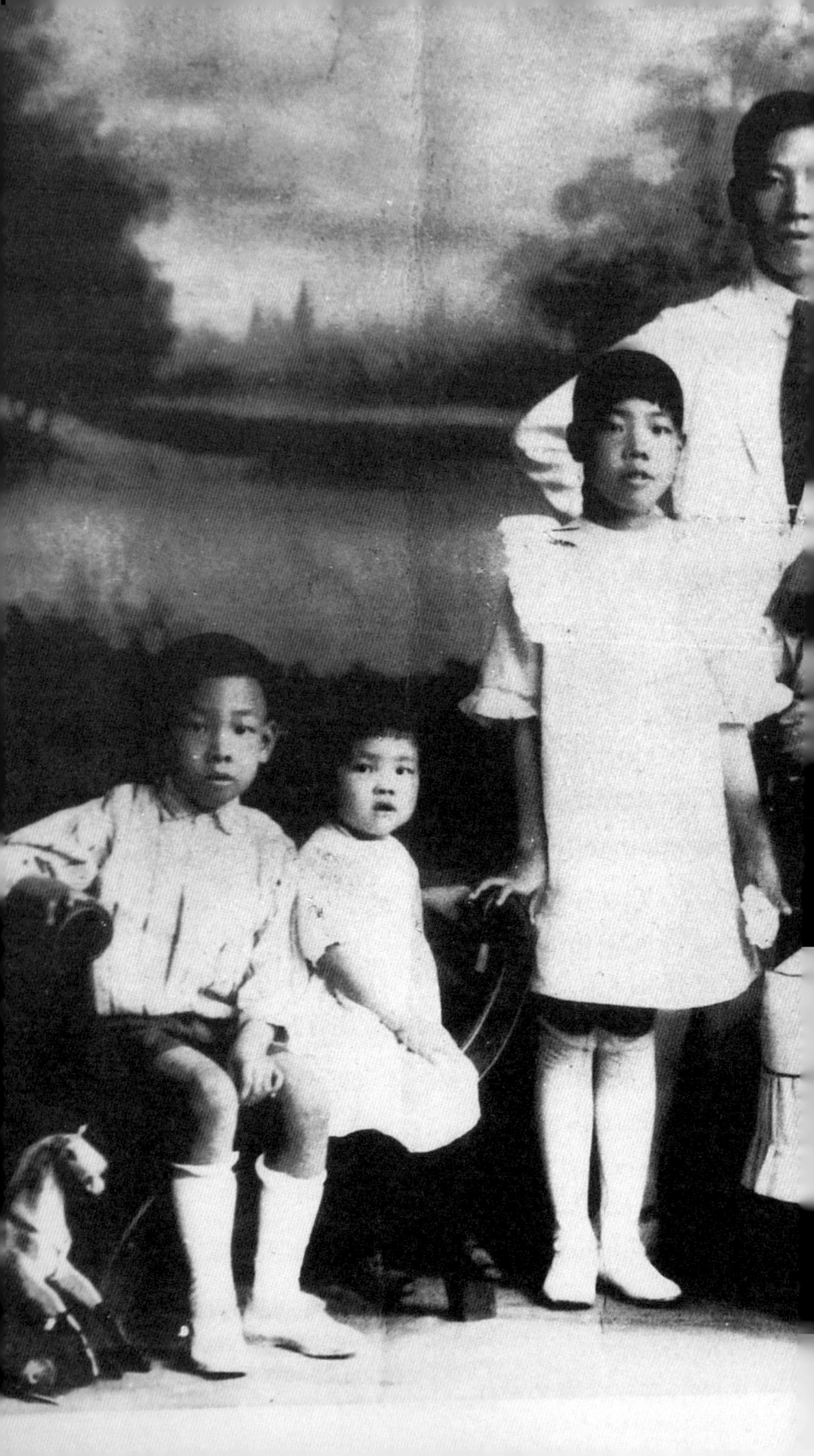

贝家全家福（前排左一是贝聿铭）

铭影响很深。像很多传统中国家庭里的父亲一样，贝祖诒是家庭中尊严和规矩的象征，但他不是一个亲密的情感对象。“他不是那种能拍拍儿子肩膀、拥抱女儿的人。”贝聿铭说。

幼时贝聿铭对传统中国文化的兴趣源于他的母亲庄莲君。贝母会吹笛子，会酿酒，会做菜，写一手漂亮的书法，同时还是一位虔诚的佛教徒。多年后，他仍认为母亲对自己的生活和职业影响最大。母亲的身体病弱，常要到佛寺中去静养。身为长子的贝聿铭要陪母亲去一座位于山顶的寺庙静养，在那里长时间打坐静思。那是一个小男孩很难适应的地方：

夜晚万籁俱寂，我从未经历过这样的沉寂——连一星半点的声音都没有。然后，天快破晓时，响起一种嘎吱嘎吱的古怪的呻吟声，那是一只只竹笋从泥土中一起向上钻出来时发出的。听辨寂静，这是我母亲给予我的非同寻常的天赋。

不幸的是，1930年，庄氏因癌症去世，留下六个孩子。这给年仅13岁的贝聿铭以非常大的打击。直到晚

少年贝聿铭

年回忆母亲时，他仍然心绪难平：

（母亲去世时）我刚满13岁，我伤心极了……那个年纪的我已经明白母亲的重要性，所以她的去世对我打击很大……她临终前叮咛我的最后一件事是照顾好弟妹，做他们的好榜样。对我来说她曾是那么重要……她生活处世的方法对我的影响很大，她朋友很多，这一点我很佩服。她待人热情，别人很尊敬她，这对我影响很深。

母亲去世前，贝聿铭经常被母亲叫到床前，为她准备止痛的鸦片烟枪。少年贝聿铭的心灵所受的冲击可想而知，他因而获得了一份同龄人中不多见的沉稳、责任感与自制力。庄氏去世后，贝祖诒为孩子们找了一户很大的公寓居住。自此，贝聿铭与弟弟妹妹们就开始了独立于父亲的生活。

经历丧妻之痛的贝祖诒一度抑郁。银行董事会派他到欧洲散心，40岁的贝祖诒在欧洲邂逅了21岁的蒋士云。蒋士云出身于苏州西百花巷的蒋家，父亲蒋履福清末民初时曾就职于驻外使馆和外务部。年轻时的蒋士云

贝聿铭的母亲去世后，父亲贝祖诒赴欧洲疗伤时
结识第二任太太蒋士云

天生丽质，语言天分很高，曾随父母游学多地，也到过欧洲求学，在20世纪二三十年代的北平、南京、上海绝对是“社会名媛”。她曾经和少帅张学良恋爱。虽然蒋士云的父母非常反对这门婚事——自己的千金宝贝居然去人家家里做六个孩子的后妈——但最终他们还是顺

从了女儿。1932年春，贝祖诒和蒋士云在巴黎举行了婚礼，这场婚姻非常幸福，蒋士云陪伴着贝祖诒，直到他生命的最后一刻。

贝聿铭从此和父亲分开居住。连续三个暑假，他都去苏州的祖父家里，祖父在某种意义上替代了部分父亲的角色。在贝聿铭眼里，祖父代表了旧中国的最后一代。“对我来说，他是儒家理念的象征，生活丝毫不受西方影响。是他教会我如何在郊外山上的祖庙里进行祭祀等等的礼仪。”贝聿铭后来回忆。在患眼疾退休前，贝理泰一直担任上海商业储蓄银行董事，也是热心苏州地方公益的知名人士。张一苇介绍，贝理泰从1922年起连任苏州总商会会长七年，先后发起募捐巨款，开辟了从阊门到虎丘的马路，时称“新马路”，担任过吴县救火会会长、博习医院及振华女子中学董事等。据说，贝理泰盛年时，在西花桥巷家中吃早餐，光“吃粥小菜”就要放上24碟，几个孙儿围坐在侧，须经他允许才能动箸。他已成年的儿子都怕他，一天晚上，祖元和祖诒看戏回家晚了，他们不敢惊醒父亲，只好在前厅睡了一宿。但像很多祖父一样，他对长孙贝聿铭寄予厚望。

贝聿铭后来说：“在我孩提时代，皇帝不复存在，革命已经发生，但孔子的道德伦理在我早期的教育中还是占了主导的地位。儒家思想在中国扎根了2500多年，它并没有从中国消失，未来也会继续存在。但在我的年代，儒家思想所受到的重视逐渐降低，不如我父亲和祖父的世代。这有没有给我带来更多的自由？我想是有的。但从某种意义上说：按中国的传统，人与人之间的关系是很重要的，就是中文所谓的'待人接物'，一个人应该懂得如何得到、如何给予，我很小便接受这种教育。”

贝聿铭在苏州住了几个夏天，结识了直系亲属之外的其他家庭成员。他后来回忆说：“最重要的是我学到了家庭的真正含义——内聚力和历史。……我儿时在香港，从未感受到这一点。我的家庭只是由我的父亲、母亲和兄弟姐妹组成，我们从那里搬迁出去回到苏州后，我意识到了更深的家庭根源，这不只让我吃惊，并对我产生了很大的影响。回首往事，确实如此。”谈及这段岁月对他一生的影响时，贝聿铭说：“这影响了我对生活和待人接物的看法。去了苏州，那个古老的世界使我更敏于感受。儿时记忆中的苏州，人们以诚相待，相互尊重，人与人之间的关系为日常生活之首。我觉得这才

揖峰指柏
壽柏圖

狮子林内景 蔡小川 摄

是生活的意义所在。我在那儿逐渐感受到并珍惜生活与建筑之间的关系。”

苏州生活的核心在于园林，“一城半庭园”的说法并不算夸张，据统计，最盛时城内的园林有200多处，现存的还有70多处，加以重点保护的有27处。陆文夫说，从宋代的沧浪亭开始，苏州园林的定位就是归隐。“归隐于山林之间又不到山林之间去，是把山野村林搬到城市里来，造一座城市里的山林。当然不是真的，是大自然的缩影。大自然基本的要素是山与水。要把山搬到城里来当然是不可能的，便造假山；把江河搬到家门口当然也是不可能的，便开河挖沟，好在苏州是个水城，深挖一丈便成为池塘。苏州人也很坦真，称苏州园林是‘假山假水城中园’。”而且园林不仅是假山和池水，园中的家具、陈设、雕刻、古玩、字画等，样样都是文化，园林也是听雪之堂、弹琴之处、看戏之所，是一种寻求天人合一的媒介。

和堂兄弟们在狮子林中玩耍的场景是贝聿铭难忘的童年记忆：“整个园林都是供我们玩耍的好地方。假山中的山洞、石桥、池塘和瀑布都会勾起我们的无限幻想。”贝聿铭很多年后，意识到“苏州的经验让我学到了什么”——“现在想来，应该说那些经验对我的设计是有相当大的影响的。它使我意识到人与自然共存，而不只是自然而已。创意是人类的巧手和自然的共同结晶，这是我从苏州园林中学到的”。

狮子林有一个看似奇趣的名字，其实，它是一座禅宗园林。元至正二年（1342年），天如禅师云游到苏州，偶然看上城东北角一处地方，虽处闹市，但林壑清幽，信众们出资为他买下，修建禅林。因天如禅师得法于浙江天目山狮子岩普应国师中峰，取佛经中狮子座之意，又取佛书“狮子吼”一语，故名“狮子林”。而园中各处房舍景致的命名，如指柏轩、问梅阁、冰壶井、玉鉴池，也都各有禅意。作家蒋晖告诉我们，狮子林建园时，还有很多宋徽宗造皇家园林“艮岳”时的石头。这些石头大多是采自太湖的天然石灰岩，有的重几万斤，为了把这些石头运到开封，成立了专门运石的“花石纲”，分水陆两路交叉进行。水路用大船，要用泥浆塞满石缝，滚成圆形，沿途铺上大葱，推到船上；陆路用滚木，冬天就在路上浇水结冰，在冰上滑行。有些花石纲来不及运走的太湖石，就为后来的苏州造园提供了上好的石料。蒋晖说，狮子林是丛林，是山林。狮子林

狮子林以假山闻名，一度为贝家私家园林

蔡小川 摄

贝聿铭的叔祖贝润生扩建狮子林时

增加了彩色玻璃装饰

蔡小川 摄

里的假山怪石尤其突出，宋代废园遗址上林立着“状如狻猊不一”的石峰，“长长短短象牙竹，怪怪奇奇狮子峰”，很可能就是花石纲遗物。那些占据了视觉中心的太湖石各有奇名——“含晖”“吐月”“立玉”“昂霄”，而最高的一块形如雄狮，干脆就叫“狮子峰”。

从元代至今，狮子林几乎蕴含了半部江南禅宗史，还有诗歌、园林、绘画交织而成的艺术史。蒋晖认为其中最重要的是明初著名画家倪瓒。在去世前一年，倪瓒绘就一幅《狮子林图》，风格极为写实，几乎可以作为导览图。乾隆皇帝也正是因为被这幅画所吸引，南巡时按图索骥，下令修复这座明末被毁的园林，狮子林才得以重生。1917 年，废弃的狮子林被贝聿铭的叔祖——因颜料生意在上海发家的贝润生用9900块银圆买下，之后花重金扩建。贝润生修复扩建的部分带有豪华的清朝式样，比如画舫，大量运用了水泥和彩色玻璃等新兴建材，给曾经的禅宗园林带来变异的繁复图景。其实，更大的变异还是园林的归属。旧时这些都是私家园林，养在深闺人不识，只在清明时节对外开园，现在都成了人流如织的公园。在这么多著名园林里，狮子林不是最大的，可能也不是景致最好的，它在拙政园、留园、网师园、环秀山庄之后才被增补入《世界遗产名录》，但它一定是最可游的。我在游览指柏轩前的大假山群时深有体会，这里永远有乐此不疲探迷宫的人。刚一进入，只觉得庞大，通道似乎也十分清楚，但走着走着就出现了岔路，被其中一条引导着越走越深，就很难找到来时的路了，听到同伴的声音，甚至看到人在哪里，竟然找不到过去的路，山重水复，但一下子又柳暗花明了。据说这座假山群分上中下三层，二十一个山洞，九条曲径，真是个变幻莫测的石头迷宫。

贝聿铭在日后不断回味太湖石的采石过程：

这些石头的加工制作尤其有趣，并且反映了我们对时间和家庭关系的理解。园中石头大都是多孔洞的火山岩石，石匠们以它们的可塑性来选择，再小心地将岩石撬开。然后，石匠在湖畔或河边仔细地寻找空地，将石头置于其中，任凭流水冲击，使其经过几代的天然侵蚀，石匠本人或是他的子孙日后再收回石头，经过堆叠，终成假山。这种延续性具体地反映了中国文化——父亲播种、儿孙收获。

他认为太湖石的故事还有深一层的寓意：

如果我停下来想一想，我自己的发展在很大程度上也符合这种精神，我曾经被放置在许多不同的湖泊和溪流的边缘，或者说，经常是被搁在水中央。而我的建筑物和任何一位别的建筑师的一样，总被不断地从流水中拖出，再收回。但愿这些建筑物的形状是经过极其谨慎的挑选的，而且是极为谨慎地放置在那里，可以与周围磨砺它们的激流相应和……

1996年4月的一天，贝聿铭夫妇重游狮子林，兴致高涨时，贝聿铭挥毫写下“云林画本旧无双”的题句，此言也许稍稍透露出了他内心的千般感慨、万种情愫——

我是在上海典型的中国家庭中长大的。我的家庭并不新潮，是很传统的家庭，所以，中国传统观念对我的早年影响很深。事实上，祖父为了让我学到更多中国传统观念，还特地接我到苏州去住，这使我与祖先们更接近。也就是说，我的成长基本上是受到儒家观念的影响。当然，我的童年也有另一面：父亲在香港的银行供职时，我曾经在香港生活，在那里我看到了一些西方的东西。但总的来说，我的成长是完全中国化的。

少年的新世界

一直到18岁离开中国，贝聿铭少年时代的大部分时间是在上海度过的。那是20世纪二三十年代的上海，正是黄金时代。自开埠以来，这个曾经的小渔村依托长江出海口的地理优势，一头连接着西方，一头连接着供给橡胶、煤、大豆、石油、面粉、棉花、丝绸、烟草等的中国内陆城市，成为华洋杂处、东西碰撞的远东第一大城市。

乘坐汽船沿黄浦江蜿蜒而上，映入眼帘的上海标志就是外滩。买卖商品所积累起来的财富需要相应的服务，于是上百家银行在20世纪初应运而生，尤以外滩为聚集地。直到今天，这条江边大道还保留着“万国建筑博览”的原貌，各种气势宏伟的花岗岩建筑鳞次栉比，尤以海关大楼、汇丰银行、和平饭店、中国银行为代表。而23号的中国银行，是外滩众多建筑中唯一一幢由中国人自己设计和建造的大楼，看上去和周围建筑风格一致，又融入了很多中国风格的细节，比如传统建筑式样的方形尖顶，栏杆和窗格处的镂空民族图样，是近代建筑东西结合的一个典范。不过，1927 年贝聿铭的父亲贝祖诒从香港来到上海管理中国银行时，这里还只是在德国总会旧楼基础上改建的营业楼，新楼从1934年才开始动工。

在上海，贝祖诒加入了一帮具有现代思想的银行家和实业家组成的小集团，这个小集团以宋子文为中心。他们意识到，要使中国摆脱半殖民地的境地，以一个提倡贸易、工业、现代教育和西式礼仪的新式中国逐渐取代旧中国，前提之一就是要在外汇领域维护自己的地位。在香港的十年磨炼已经使贝祖诒成为外汇业务专家，1930 年中国银行总处成立国外部，由贝祖诒兼任主任。此后，他在所有的商业港口开办外汇交易业务，并在世界各地开设了18家中国银行分行。住在租界区的贝家当时的生活也是西式的：贝祖诒总是穿着高领西装，梳着分头，参加俱乐部，打高尔夫球。

贝聿铭在2000年后设计苏州博物馆期间去上海时，

曾去寻访以前住过的地方。他去了南京路和石门二路交会的圆弧形转角大楼，那里原来是中银宿舍；又去了后来居住的武康路378号，当时贝家与国民党中央常务委员陈立夫、国民党中央财务委员会主任委员陈果夫、陆军总司令顾祝同等人是一条马路上的近邻。不过，如今再去寻访，这里已经改造成了艺术家、设计师、精品店汇集的时尚街区“武康庭”，以前的大部分花园洋房还在，但贝家那幢被拆除了。还有一处是南阳路170号的“贝家花园”，如今用作一个餐厅和精品酒店。这幢钢混结构的小楼建于1934年，带有特殊的装饰艺术风格。从南入口进入，先是一个花园，其中假山、小桥、池塘、葡萄架等一应俱全，中央一座五角亭尤为特别，据说是寓意五行，而其中属金的一角正对大门。主楼为三层，酒店人员指引我从一侧“龙梯”向上参观。所谓“龙梯”是入口处雕刻的龙形装饰，楼梯从这里盘旋而上。而旁边一侧还有一部电梯，据说是上海第一部OTIS（奥的斯）电梯，现在仍可使用。主副楼之间的门廊照壁上也别有洞天，刻有一百个不同的篆体“寿”字。而不远处的铜仁路333号也和贝家有关，这里是匈牙利建筑师邬达克在上海的最后一个作品——著名的

“绿房子”，一度是贝润生的五女婿吴同文的私宅。

贝聿铭初中在上海青年会中学就读，高中则就读于上海圣约翰大学附属中学。当时的圣约翰中学是美国圣公会教徒开办的一所昂贵的寄宿学校，致力于用西方的价值观教导中国上层家庭的孩子，贝聿铭在学校的成绩一直名列前茅。贝聿铭后来回忆，他在上海接触了新的建筑、艺术和生活方式，会在周末和朋友们乘车去闹市区，常去大光明电影院看电影，或者去桌球房打桌球。他后来甚至把桌球视为一种灵感来源：“桌球是一种几何游戏，我爱玩，也玩得不错。它其实是一种向量，一种几何的向量，玩桌球可以了解几何，这一点是我后来才体会到的。同时，桌球也是一种策略游戏，其中确实存在一些作为建筑师所需具备的要素。”若干年后贝聿铭返回中国，还特地去了趟圣约翰中学旧址所在地，在原来的教室坐了一会儿。圣约翰中学如今成为华东政法大学的一个校区，很多老建筑还原样保留着。

在贝聿铭去打桌球和看电影时，附近的国际饭店也越来越高，这让他依稀看到了未来。“人家都说这幢楼要造24层，可我就是不相信！你想象一下，周围的楼都只有五层、六层、七层、八层，而这幢要有24层。

位于上海南阳路170号的贝祖诒旧居“贝家花园”
蔡小川 摄

所以每到周末我就会去看它慢慢升高……”如今的国际饭店在南京西路上当然不再那么突出，但在20世纪30年代，这幢深褐色的24层大楼有“远东第一高楼”之称，非常豪华，有当时最高级的客房200多间。贝聿铭自己找到了建筑师的信息，这幢楼同样是邬达克的作品，当时上海流行殖民地古典建筑，邬达克是这方面的大师。

当时的上海是很国际化的，因而也更开明和包容。我就在那里读中学，上海的许多新思想使我受益不少，我接触了新的建筑、艺术和生活方式。但上海是个既精彩又腐败的世界，我从上海学到的有好有坏。好的是我从上海约略地看到了我在苏州未曾见过的未来或是未来的开始。上海新盖的楼房对我显然影响不小，那时，上海已是越盖越高了，这是很特别的。苏州的房子大多是一两层或是三层，那已算是高的了；而上海当时却在盖10层、20层、30层高的大楼。我就由此喜欢上了建筑。

从那时起，贝聿铭已经看到西方新建筑风格的萌芽，尤其被它所能达到的高度深深吸引了——“从那一刻起，我开始想做建筑师”。父亲贝祖诒与很多英国银行家有交往，很自然地建议儿子去英国读书，然而，贝聿铭已经被电影里常出现的美国迷住了。他晚年回忆起上海的早期生活时说："我几乎从不错过巴斯特·基顿（Buster Keaton）、哈罗德·洛德（Harold Lloyd）、查理·卓别林（Charlie Chaplin）或平·克劳斯贝（Bing Crosby）的电影，这也是我当时选择去美国，而不是英国留学的原因。在我看来，美国的校园生活似乎充满了乐趣；我当时很年轻，希望过那种生活。"虽然他遵照父亲的要求参加了牛津大学的考试，但最终还是选择去美国读书，学习建筑。

2

第二章

登上『柯立芝总统号』

从宾大到麻省

1935年8月13日，18岁的富家子弟贝聿铭准备启程赴美留学。他先是乘小渡船从外滩出发，然后登上停泊在长江入海口的“柯立芝总统号”，准备启程。

贝家十多名亲戚赶到码头送别。那是贝聿铭第一次离家独自旅行，他之前以为自己会很悲伤，甚至在与家人道别时会潸然泪下，但这一切都没有发生。“我不是铁石心肠，而是对未来有太多的期待，对于新世界的强烈期待掩盖了一切悲伤，对于未来的冒险，我无限向往并充满好奇。”事后贝聿铭这样解释。对这位年轻人来说，对新世界的向往，远远超过了与亲人分别产生的悲伤。与贝聿铭同舱的是圣约翰中学与他同到宾大读书的一位吴姓同学。

第二天，轮船在日本长崎停岸。贝聿铭下船乘火车去了东京。在那里，他参观了弗兰克·劳埃德·赖特（Frank Lloyd Wright）设计建造的东京帝国饭店。这也许是年轻的贝聿铭与现代建筑的第一次近距离接触。赖特是美国著名的现代建筑大师，1915年被请到日本设计东京帝国饭店。这是一个层数不高的豪华饭店，平面大体为“H”形，有许多内部庭院。从建筑风格来说它是西方和日本的混合。让帝国饭店和赖特获得声誉的是这座建筑在结构上的成功。日本是多地震地区，赖特和参与设计的工程师采取了一些新的抗震措施，连庭院中的水池也考虑到可以兼作消防水源之用。帝国饭店在1922年建成，第二年即发生了东京大地震，周围的大批房屋倒塌，帝国饭店则经住了考验并在火海中成为一个安全岛。赖特本人把这座饭店视为他的杰作，东京帝国饭店也被认为是20世纪最卓越的建筑之一。

之后，贝聿铭在横滨重新登上“柯立芝总统号”向夏威夷进发。8月26日，邮轮到达了旧金山。贝祖诒的朋友、一位美国银行家到码头迎接他们，并带他们回家。在旧金山停留几天后，贝聿铭搭火车前往费城，一路颠簸在中西部尘土飞扬的盆地中。这两个对一切充满好奇的中国男孩看到了美国乡村的全部景色。在此之前，贝聿铭对美国的全部概念皆来自他在上海影院里看到的好莱坞电影。

新事物带来的新鲜感只能持续一段时间，到了美国后，第一次远离家乡的贝聿铭最想念的自然是他的大家庭，想念兄弟姐妹、想念父亲。他就用写信的方式排遣这种思念之情。“内心深处我总有一种责任感，一种深藏的中国式的家庭责任感，”贝聿铭后来自我剖析，“幸而我的学业帮助我克服了悲伤和忧虑。我的学习繁忙，就像大多数留学生，我也遇到了语言问题，为了赶上课程，我努力学习，因此也没有太多的时间去想家。”

贝聿铭赴美留学的第一站是宾夕法尼亚大学建筑学院。别名“拱顶石”的宾夕法尼亚是美国东部的工业大州，其首府费城坐落在特拉华和斯库尔基尔两条河流涨潮时的交汇处。闻名全球的宾夕法尼亚大学就建在斯库尔基尔河的西岸，位于费城的西城。贝聿铭后来并没有解释他当年首选宾大的原因，或许是因为宾大建筑学院当时与中国有一种相对密切的关系，比如梁思成、林徽因、杨廷宝等人都是从宾大毕业的，而他们后来又成为中国第一批建筑教育家。

遗憾的是，贝聿铭并没有对宾大建筑系一见钟情。建筑系坐落在校园里一幢阴暗的维多利亚式的大楼里，该楼原本是为牙科学院设计的。主持课程的是一位名叫乔治·辛普森·科伊勒的学究气很重的矮个子系主任，以及崇尚古典主义的巴黎人保尔·克雷。克雷毕业于巴黎美术学院，很早就显露出其在美术和建筑教学方面的非凡才华，他不仅能够快速流畅地画出结构简洁、异常漂亮的各种建筑透视图，而且在建筑设计上也独具特色。他后来设计的华盛顿泛美联盟大厦、联邦储备局大厦和底特律美术学校等，都成为美国建筑中的经典。

值得一提的是，当年梁思成与林徽因留学宾大时，正是克雷在宾大建筑学院主持教学工作。克雷倡导“布杂艺术”——所谓布杂艺术（Beaux-Arts），是西方建筑教育的一种传统风格，建筑设计讲求套用古典建筑形式，对于当时已经出现的建筑新材料和新技术并不重视，只是一味在建筑形式上模仿各个历史时期经典建筑的外形之美。作为建筑大师的克雷酷爱建筑教学，以至于他在卸下系主任职务之后依然执教于宾夕法尼亚大学，直到1937年退休为止。所以他倡导的“布杂艺术”在宾大也影响深远。

当年梁思成也曾经对这种建筑外形与实际功能相脱节的教学方法产生过怀疑。而这种教学理念直到几年后贝聿铭入学时也没有太多改变。当时宾大建筑系的课程忠实地服从于从巴黎艺术学院移植过来的19世纪艺术体系。他们要求学生通过勤奋复制设计图，以及用炭或自己研磨出的中国墨汁制作精巧的透视图，来掌握古典设计的基础知识。这把贝聿铭吓住了。

“真正使我认定这不是我要上的学校的契机，是我在楼梯口看到了一幅巨大的素描。素描的内容是西藏的一座喇嘛庙。你知道，那是我的国家，而我当时根本不明白，一个名字叫菲茨杰罗德的什么人如何能描绘出西藏的一座喇嘛庙。那时我想，建筑学肯定是与我所想象的东西大不一样的。”贝聿铭后来回忆。他自认为自己的特长在数理，从来没有想象建筑师还得像一位艺术家那样有精湛的绘画技巧才行。两个星期后，贝聿铭转到麻省理工学院（MIT），放弃建筑学，改学工程。

相比于宾大，麻省让贝聿铭感觉更自在。“众所周知，贝聿铭来自一个富裕的中国家庭，父亲贝祖诒是一位杰出的国际银行家，他拥有广泛的人脉。例如，当贝聿铭乘坐的船在旧金山停靠时，他受到当地一家大银行行长的热情接待；当贝聿铭后来到达波士顿，他在当地上层社会也受到热烈欢迎，因为波士顿几个世纪以来都和中国有很强的商业和艺术联系。”耶鲁大学的建筑史博士珍妮特·亚当斯·斯特朗（Janet Adams Strong）介绍，她曾在贝聿铭事务所工作过18年，任传媒总监。而贝聿铭本人也这样形容：“早在我能说英语之前，我就已经能够打入波士顿的社交圈。”

幸运的是，对贝聿铭恩宠有加的“波士顿圈”里，还有一位特殊人物——麻省理工学院院长威廉·爱默生（William Emerson），他也是美国著名文学家爱默生的侄孙。他在贝聿铭所画的图纸中发现了贝聿铭的技能和想象力，他认定贝聿铭可以成为一名杰出的建筑师。他陪着贝聿铭在波士顿城的各个地方走动，边走边指出该城的经典细节。爱默生的孙子后来回忆说：“贝肯定是一位出色的学生，因为他是唯一在我们家被提起的学生。”

感恩节那天，贝聿铭受邀去爱默生家吃晚餐，爱默生说服贝聿铭应该继续学建筑。贝聿铭向爱默生坦承因绘画技术欠缺、没信心成为建筑师时，爱默生说：“年轻人，别胡说，我还没有碰到不会画画的中国人。”于是，贝聿铭听从他的劝告，放弃工程学，重新开始学建筑学。现在看来，得感谢爱默生让贝聿铭重新回到了原有轨道，否则我们后来就错失了一位影响深远的建筑大师。

“他不仅是我的院长，而且也是我的监护人。”“他对我特殊照顾。当他对我说‘你的作业我已经看得够多的了，我知道你会成功的’时，我听从他的劝告，留在了建筑领域。但要说设计，他对我的影响微不足道。”贝聿铭后来坦率地回忆。

年轻的贝聿铭已经掌握了制作古典装饰风格透视图的复杂技术。他的同学、后来成马萨诸塞州州长的弗兰克·沙琴特还记得：“在画图纸时，我总是留意坐到他旁边，以便偷看他的设计图案……他将凭着他的思维方式和自我表达方式青云直上，这是显而易见的。我们都明白，这家伙有那本事……也许他的身材比他的绝大多数同学都要瘦小，但他很快就在其他所有方面远远超过了他们。”

可在当时，来自爱默生个人的认可、鼓舞以及超越一般师生的情谊，并没有完全消除这个年轻的中国学生对自己所接受的建筑学训练的疑虑和迷惘。和当时美国的很多建筑学院一样，麻省理工仍然忠实于学院派风格，其根基是古典作品和规律性。贝聿铭与他年轻的同学们必须忍受用精巧的细节再现必修课中古典主义建筑的单调乏味。贝聿铭和同学们也敏感地意识到，外面的世界正在悄悄发生着变化。在这些年轻的建筑系学生看来，这种风格既在审美上已经落伍，也无法为经济所承受。心情焦躁的学生们受罗斯福新政的鼓舞，希望能参加到寻求新解决方案的探索活动中。他们通过学校图书馆里订阅的设计杂志，密切地注视着这种新型建筑的动态。“大家都支持各建筑学院正在发生的变化，”贝聿铭的同学威廉·希伯说，“每个月我们都迫不及待地等着看《建筑评论》杂志。”

此时，德国和荷兰的先锋派们正在摒弃新古典主义的建筑风格，并将它视为一个衰落的帝国。20世纪20年代，战争留下来的创伤既充分暴露了社会中的各种矛盾，同时也深刻地暴露了建筑中久已存在的矛盾。如果说过去人们已经觉察出建筑由于时代进步而引起的新与旧的矛盾的话，战后所暴露出来的矛盾则包括政治上、经济上以及哲学上的诸多问题。于是，一批思想敏锐、对社会事务敏感并具有一定经验的年轻建筑师，面对千疮百孔的现实，决心把建筑变革作为已任，提出了比较系统和彻底的建筑改革主张，把新建筑运动推向了前所未有的高潮——现代建筑运动，形成了后来继学院派之后统治建筑学术界达数十年的现代建筑派。德国的格罗皮乌斯（Walter Gropius）、密斯·凡德罗（Ludwig Mies Van der Rohe）和法国的柯布西耶（Le Corbusier）则成为现代主义的欧洲代表。

“我不满意古典装饰风格的训练，我的许多同时代人也有同感，于是，我们开始到其他地方寻找灵感。图书馆是一个主要来源。正是在图书馆，我知道了柯布西耶。所有学生都全神贯注地读他的书。”贝聿铭花大量时间在图书馆，看那些来自欧洲的最新作品，特别是柯布西耶正在做的作品。贝聿铭后来说，偶然在图书馆找到的柯布西耶的三本巨著对他有如“圣经”，“只有通过它们我才能看到建筑的新思想”。

原名为夏尔·爱德华·让纳雷的柯布西耶1887年出生于瑞士，最初从事钟表雕刻行业，但是很快转向了建筑。他曾游历意大利、奥地利、德国和法国等地，1916年开始常住法国。柯布西耶是一个新建筑观念的狂热支持者，其早期在巴黎等地建造的作品主要来自主顾的委托。伴随着炫目的技巧，他开始了成功的建筑师生涯：画家、作家、理论家、城市规划师、建筑师等。20世纪20年代后期他迅速在巴黎知识阶层崭露头角。

柯布西耶还对城市规划提出过许多设想，他一反当时反对大城市的思潮，主张全新的城市规划，认为在现代技术条件下，完全可以既保持人口的高密度，又形成安静卫生的城市环境，首先提出高层建筑和立体交叉的设想，是极有远见卓识的。他在20世纪二三十年代始终站在建筑发展潮流的前列，对建筑设计和城市规划的现代化起了推动作用。

1920年，柯布西耶在巴黎同一些年轻的艺术家和文学家创办了《新精神》杂志，写文章鼓吹创造新建筑。1923年柯布西耶出版了他的名作《走向新建筑》，书中提出了著名的住宅是“居住的机器”的观点。在这本书里，他强烈批判保守派的建筑观点，为现代建筑运动提供了一系列理论根据。柯布西耶宣称：“对建筑艺术家来说，建筑设计中老的经典已经被推翻，如果要与过去挑战，我们应该认识到，历史上的过往样式对我们来说已经不复存在，一个属于我们自己时代的新的设计样式已经兴起，这就是革命。”

基于这种理念，以往不断发展起来的各种旧风格都将被扔进垃圾堆中。在厌倦了“旧世界”建筑准则的年轻学生眼中，柯布西耶具有令人目眩的诱惑力。虽然也有同时期的建筑家对柯布西耶表示不屑，认为他的言论不过是哗众取宠，然而对于深为“旧世界”的建筑准则所困扰的那代人来说，柯布西耶则表达了他们集体的苦恼。“根本没有老师教授我们新式建筑，”贝聿铭后来对《时代周刊》说，“因此我们转向柯氏的著作，我们所受教育的一半都可归功于这些书。”

1935年，柯布西耶来到波士顿。即便不认同柯布西耶在建筑界发起的“革命宣言”，1935年11月，思想开明的爱默生还是请柯布西耶到麻省理工做了一次演讲。瘦骨嶙峋的柯布西耶穿着他那套经常穿的黑西服，戴着镜片很厚、形状酷似猫头鹰眼睛的眼镜做了讲座。柯布西耶闲聊似的进行讲解，并伴之以幻灯和图表，图表潦草地画在一大卷纸上，铺满了整个演讲台。

“柯布西耶当时在哈佛和麻省理工并不是很受欢迎，因为当时这两所学校都还是遵从19世纪的古典建筑教育风格。他的言论只是被当作一种猎奇好玩的东西。柯布西耶在麻省理工演讲的时候，说的法语，需要翻译成英语，所以除了个别学生外，大多数人听不懂，其中包括贝聿铭。但大家仍然被他先进的观念和他展示的照片所激发。”珍妮特·斯特朗说。即便如此，贝聿铭后来把柯布西耶在麻省理工停留的两天，称为“我建筑教育中最重要的两天”——柯布西耶“傲慢无礼，满口脏话。但在我看来，他所做的一切都是对的。我们需要有人来震撼我们，让我们走出自满自足的状态”。

那时候贝聿铭也对建筑师赖特充满兴趣，虽然赖特本人并不喜欢柯布西耶，称他为“画匠和小书撰稿人”。

但对于想广纳并收的贝聿铭来说，这并不矛盾。大学一年级暑假，贝聿铭开车来到威斯康星州赖特居住的达利艾辛东区。“我们开车进入那个区，却不知道该往哪里去，只好停车，”贝聿铭后来回忆，“突然七头庞大的阿尔萨斯狼狗扑到我车上，冲我狂吠不止。这些狗的样子很吓人。我觉得自己像一头困兽。几个学生只是站在那里大笑。”贝聿铭没有下车就直接调头离开了。他后来还觉得那是一个莫大的遗憾。谈及这两位伟大的建筑师，贝聿铭是这样形容的：“我一直非常喜欢赖特的作品，但柯布西耶是早期影响我的人。”

投身哈佛

1938年，贝聿铭到纽约游玩。有一天，他去中央车站接朋友时，遇到一位端庄秀丽的中国姑娘，她叫陆书华，正要去卫斯理学院读书。对陆书华一见倾心的贝聿铭忍不住“献殷勤”，提出开车送她去波士顿，但被矜持的姑娘拒绝了。也许是天意，当天晚上，贝聿铭得知陆书华乘坐的火车因飓风而耽误时，他便开始打电话要求约会，从而成就一段姻缘。

巧的是，陆书华的父亲1916年也毕业于麻省理工学院，是一位出色的工程师。陆书华本来也想像父亲一样进麻省理工读工程，但父亲建议她去附近一所“很好的女校”，于是她进入了宋氏三姐妹以及冰心都读过书的卫斯理学院。陆书华的英文名叫Eileen Loo，很多书籍在介绍她时根据她的英文名而将之错译成“卢爱玲”。

当麻省理工还在维系旧有的建筑教育思想时，“邻居”哈佛大学却开始全心全意地向新流派敞开胸怀。哈佛大学设计学院院长约瑟夫·哈德纳特大力提倡现代主义。他在哈佛的专栏上公开讽刺华盛顿特区新建的新古典主义风格的国家艺术馆是“一种古文化的死亡面具”。

在哈德纳特倡导的现代主义运动中，来自欧洲的格罗皮乌斯成了核心人物。格罗皮乌斯出生于1883年，早年曾在柏林建筑师贝伦斯的设计事务所中工作过。贝伦斯当时是大工业企业德国通用电气的艺术顾问，同德国工业界组织的德意志制造联盟有密切联系。格罗皮乌斯等人因此对于现代工业对建筑的要求有比较直接的了解。他们在大战前夕已经脱离了学院派建筑的影响，选择了建筑革新的道路。格罗皮乌斯在1911年与A.迈尔合作设计的工厂建筑——法古斯工厂（Fagus Factory），是“一战”以前欧洲最新颖的工业建筑之一。

“一战”结束的时候，格罗皮乌斯与柯布西耶等人一道，立即站到了建筑革新运动的最前列。1919年，格罗皮乌斯出任魏玛艺术与工艺学校的校长，就职后他立即改组这个学校，与魏玛美术学校合并成为一所专门培养新型工业日用品和建筑设计人才的高等学院，取名为魏玛公立建筑学院（Das Staatlich Bauhaus Weimar）。他聘请一批激进的年轻艺术家当教员，推行一套新的教学制度和教学方法，同保守的学院教育唱对台戏。由他领导的这所被称为“包豪斯”（Bauhaus）的学校随即成为西欧最激进的一个设计和建筑的中心。纳粹政府上台后，格罗皮乌斯离开了德国，在伦敦工作了几年后，1937年，格罗皮乌斯接受美国哈佛大学之聘到该校设计学院任教授，从此居留美国。

与全心拥抱新思想的哈佛不同，属于传统派的爱默生对格罗皮乌斯并没有那么认可。有趣的是，格罗皮乌斯到达美国后不久，爱默生院长把他介绍给波士顿的美国建筑师协会（AIA）时，格罗皮乌斯立即受到全体起立鼓掌的热烈欢迎。为答谢会员们经久不息的掌声，格罗皮乌斯

贝聿铭与夫人陆书华

做了演讲；爱默生不得不在台上好说歹说哄他回去。

此时的贝聿铭通过麻省理工与哈佛的一些合作项目，已对哈佛的新风潮有所了解——“我意识到在哈佛有些事正在发生，但爱默生院长反对那个地方。”

1940年，贝聿铭以优异的成绩从麻省理工毕业。身为长子，贝聿铭的第一考虑几乎没有他选，本想马上回国。但是由于抗战的爆发，父亲贝祖诒被迫将银行搬到了重庆。贝祖诒给儿子写信，建议情况好转时再回来。1941年12月，当贝聿铭从雪佛兰汽车的电台里听到日本袭击珍珠港的消息，兴奋得几乎跳了起来。然而，回国仍是遥远的目标。

为了谋生，贝聿铭开始在波士顿一家工程公司工作，在那里，他做了各种与工程有关的项目，这也为他后来的职业生涯带来不小的影响，并为他日后成为建筑师提供了一种营养资源。

这期间，贝聿铭与陆书华的感情进展顺利，他们还利用一个暑假一起开车去美国西部看望正在丹佛城外的科罗拉多矿业学院读书的弟弟聿昆。贝聿铭很希望能够马上迎娶陆书华，但颇有新女性思想的陆书华坚持毕业之前不谈婚嫁。1942 年6 月20 日，陆书华从卫斯理毕业后的第五天，他们在纽约举行了结婚典礼。

度完简短的蜜月后，他们重返剑桥小镇。陆书华进入哈佛大学设计学院攻读景观设计的研究生学位。贝聿铭本来就因为麻省理工与哈佛的合作项目而对哈佛比较熟悉，有了陆书华这一层，他与哈佛的关系似乎更近了一些。一天晚上，陆书华的一位教授建议贝聿铭报名去格罗皮乌斯亲自教授的研究生设计室工作——在此之前，贝聿铭从未有过此念头，但第二天一早，贝聿铭就走进了哈佛大学设计学院院长哈德纳特的办公室。

一直钟爱贝聿铭的爱默生院长闻听此讯，气得脸都红了。贝聿铭后来说：“当时他有被背叛的感觉。他坚信古典主义艺术风格的教育方法，并且由衷地认为，现代主义运动是错误的。”不过后来贝聿铭也发自内心地感激他在麻省理工所受的训练。

1942年12月，贝聿铭正式入学攻读哈佛的研究生学位。“那时正逢‘二战’，班里的大多数年轻人都去为国家服兵役了，班级规模变小，课程也没有以往那么正式。贝先生也想为战时尽一份力，所以他就自愿去了新泽西州的普林斯顿为国防部门工作。”珍妮特·斯特朗说。贝聿铭效力的地方叫“美国国防研究委员会”

（NDRC）——“二战”爆发后，爱因斯坦曾经致函罗斯福总统，建议在白宫和从事秘密武器研究的物理学家之间建立一座永久性的联络站，作为回应，罗斯福就创立了“国防研究委员会”。

贝聿铭在那里的工作，就是根据情报人员送来的照片，找出炸毁它们的最佳方式，理由是作为一名建筑师，“如果你知道怎么建造，就应该知道怎么毁掉它”。贝聿铭的第一个项目是研究如何轰炸德国和意大利的桥梁结构，再找出炸毁方法，“但在我想出轰炸德国的办法之前，与德国的战争已经结束了”。贝聿铭又被要求研究轰炸日本的办法。那是个完全不同的课题。因为日本的建筑多为纸木结构，在德国使用的高强度炸药用在这里效果不会很好，所以贝聿铭的任务又成了设计燃烧弹。但贝聿铭后来很不愿意提及这一段经历，他只是简略地说，“这是我一生中很悲伤的一章”。

在普林斯顿时，贝聿铭与陆书华有了他们的第一个孩子——定中。陆书华不得不中断学业，以照顾家庭。

1945年初，贝聿铭和太太回到剑桥，在离哈佛校园很近的地方，租了一套很小的带花园的公寓。他们在小花园里种满了来自中国的四季豆。贝聿铭还自己做了一个长长的木质唱片架，打算用来存放将来有一天能带回祖国的古典音乐唱片。身边的朋友也觉察到，“他们想念祖国，有些伤感”。

这一年，这对年轻夫妇终于迎来了日本投降的消息。几个月后，贝祖诒和宋子文来美国，请求美国国务院提供五亿美元贷款，以支撑战后的中国货币。抗战胜利后，时任行政院院长、掌握财政金融大权的宋子文，极为赏识已是中国银行副总经理的贝祖诒。由他推荐，贝祖诒于1946年3月1日出任中央银行总裁。1944年7月，贝祖诒代表中国来美国参加在新罕布什尔的布雷顿森林召开的国际货币会议。在纽约期间，贝祖诒被检查出肺部有一块放射性结核区。医生们强烈建议他留在美国接受隔离治疗。然而，此时内战爆发，国民党政府要求他立即回国。

哈佛的新思维

“二战”结束后，1945年的秋天，贝聿铭又回到哈佛，继续他的建筑课。回头看来，年轻的贝聿铭接受建筑教育的时期，也正是建筑思想最激荡的年代；也因为时代背景，他很幸运地遇到了欧洲和美国建筑界的领袖式人物。第一位就是格罗皮乌斯。

“一战”之前，格罗皮乌斯便开始提出自己的建筑观点，以后陆续发表了不少关于建筑理论和建筑教育的言论。格罗皮乌斯很早就提出建筑要随着时代向前发展，必须创造这个时代的新建筑的主张。他说：“让我们建造一幢将建筑、雕刻和绘画融为一体的、新的未来殿堂，并用千百万艺术工作者的双手将它矗立在高高的云端下，变成一种新信念的标志。”

格罗皮乌斯特别强调现代工业的发展对建筑的影响。为了创造符合现代社会要求的新建筑，格罗皮乌斯坚决地同建筑界的复古主义思潮进行论战。他说：“我们不能再无休止地一次次复古。建筑学必须前进，否则就要枯死。它的新生命来自过去两代人的时间中社会和技术领域出现的巨大变革。……建筑没有终极，只有不断的变革。”格罗皮乌斯讥讽建筑中的复古主义者“把建筑艺术同实用考古学混为一谈”，他一针见血地说：“历史表明，美的观念随着思想和技术的进步而改变。谁要是以为自己发现了‘永恒的美’，他就一定会陷于模仿和停滞不前。真正的传统是不断前进的产物，它的本质是运动的，不是静止的，传统应该推动人们不断前进。”

我见到了他，我告诉自己：“就是这儿了。”格罗皮乌斯是我去哈佛的真正原因，当时的欧洲在建筑领域比美国先进许多，格罗皮乌斯带到哈佛的是将建筑与其他学科融汇教育的包豪斯式的教学方式。他带来了马丁·瓦格纳（Martin Wagner）教城市规划，拉兹洛·莫霍利·纳吉（Laszlo Moholy Nagy）教美术设计，马塞尔·布罗伊尔（Marcel Breuer）教建筑，唯一欠缺的是没有邀请诸如奥斯卡·施莱莫（Oskar Schlemmer）和保罗·克利（Paul Klee）等等受包豪斯影响的画家来教授。就像许多我那个时代的年轻建筑师，当时我被哈佛深深地吸引了，那对于我成为建筑师起了重要作用。

贝聿铭多年后回忆。

格罗皮乌斯推崇对于结构绝对“诚实”的表达，反对一切附加装饰。激进的他甚至把艺术史课从核心课程表删除，他还认为建筑学的历史实际上是创造力的桎梏，因为学生往往慑于古希腊、古罗马或者文艺复兴时期佛罗伦萨的建筑精品，被捆绑住了手脚。格罗皮乌斯与另一位比较年轻的包豪斯学院流亡者马塞尔·布罗伊尔为哈佛建筑系培养了包括贝聿铭在内的一批日后在世界范围内颇有影响力的建筑师。

贝聿铭也非常喜欢哈佛的学术氛围。“哈佛的包豪斯思想吸引了各地的优秀学生，哈佛设计研究院的磁性使那儿成为一个很有活力的地方。”

格罗皮乌斯的搭档——马塞尔·布罗伊尔负责了设计学院的具体工作。布罗伊尔是一位出生于匈牙利的美国建筑家，以研究和采用新技术、新材料著称，他立志探索工业时代的建筑艺术，曾设计巴黎联合国教科文组织总部大厦。他对贝聿铭也产生了极大的影响——“我从布罗伊尔那里懂得，要理解建筑必须先理解生活。我还认为，布罗伊尔的实际影响比人们原先想的要大很多。整整一代建筑师都受他早期工作的影响，在住宅设计方面尤其如此。他最初来到这个国家时对木料的运用很感兴趣。那时，我们有墙面板，有护墙楔形板。但他说：‘为什么不用竖板加槽加榫舌，把表面完全做成平的？’所有那一切都是布罗伊尔发端的。”

贝聿铭在哈佛的时光也很愉快。他在回忆这段学习生涯时说：“那是一个非常激动人心的阶段。”学校里的学生构成也很多元化，“教授们工作量不大，可以专心教书育人。我们和格罗皮乌斯、布罗伊尔，还有其他教授的关系非常密切。我们不仅仅是学生和教授，在更大程度上我们是朋友”。

“他俩都擅长交际，”马塞尔·布罗伊尔的夫人说，“爱玲（陆书华的英文名音译）看上去完全是美国女大学生的模样。她苗条、漂亮、活泼，说话没有一丁点口音。他们非常合群。”

在青年学生的眼里，格罗皮乌斯无疑是最有魅力的人。他们都模仿他，留大背头、戴领结。格罗皮乌斯每周去研究生设计室巡视两次，那里大概有12张设计桌，每次他都在每张桌子旁边驻足，认真评论学生的工作。他对贝聿铭也非常欣赏。他告诉自己的中国学生：“你以前很优秀……现在你又回来了，我希望你能自由地表现你自己，做你想做的事。”尽管贝聿铭被格罗皮乌斯倡导的新观念所吸引，但他还是清醒地意识到，自己并不是赞同他的每一个观点，他尤其不认同的是格罗皮乌斯对“国际风格”（International Style）的定义。“这在当时是一个很大的话题。格罗皮乌斯坚信世界将按不同的速度工业化。先西方后东方，世界早晚都将被工业化”，这实际上也是柯布西耶曾提及的国际风格将席卷全世界。但贝聿铭对此有所怀疑，他认为这种看法太过僵硬。

有一次贝聿铭打断了格罗皮乌斯的讲课，争论说“国际风格”不应该消融世界各地的不同风俗和特色。“我说：‘气候怎么办？历史怎么办？传统又怎么办？’他说：‘很有意思，你可以自己做一个项目，你得把这点向我证实。’”几个月后贝聿铭拿出了他的作品——一张图纸，以及模型，这是他设计的一座两层楼的上海艺术博物馆，上面有好几个凉亭，还有淙淙流过茶园的溪水。贝聿铭解释说，西方艺术的公开性很强，建筑要与之相匹配；但是东方艺术的传统是一种偏私人的、隐秘的欣赏活动，所以建筑风格也必须有别于西式博物馆。贝聿铭设计的这个作品成为当时的热门话题。“结果，我的设计很有立体主义的风格，我将作品向学院的教师做了演示，布罗伊尔认为我的设计是哈佛史上最重要的设计，他是这样告诉学生的。”贝聿铭回忆。格罗皮乌斯称它是“我所见过的最精致的学生作品”。在为一本建筑杂志所写的推荐语里，格罗皮乌斯写道：“一位有能力的设计师可以很好地坚持基本的传统特征——即，他认为仍然存在的那些特征——却不会放弃设计方面的进步观念。”这句话，几乎创见性地预言了贝聿铭一生的建筑事业的特性。

也许正是这件设计作品打动了格罗皮乌斯。“他告诉我应该留下来教课，那个时候我还没有得到学位，所以那是一个很高的褒奖。正是那一刻我决定对自己证明：建筑风格的国际化是有限制的。”贝聿铭说。

1946年，贝聿铭从哈佛毕业，受格罗皮乌斯之邀留下来任助教。29岁的贝聿铭成了最年轻的助教之一。他很快便以他的潇洒风度迷住了学生们。“他轻而易举就能和别人交上朋友，”学生亨利·考伯（Henry N.Cobb）说，“贝身上有非常吸引人的异国情调，尤其是对一名迫不及待想跳出波士顿社会的波士顿青年来说，这种吸引力更强。”考伯后来也成为贝聿铭工作上的长期搭档。

实际上，接受助教这个职位也是一个权宜之计，彼时的贝聿铭还在等待着回中国的时机。如果有一份长期固定的工作，届时就很难脱身。回忆当时的心态，贝聿铭说：“那时我想回国，我想在那里做点事情。但我知道那个时候回去不合适。我唯一能做的事情就是教书，因为我无法在进去找工作时对人家说：‘我想来给您干活，不过六个月之后我可能会离开。’但教书能让你做到这一点……因此，我苦苦挣扎，考虑什么时候回去，后来终于变成了‘我是否应该回去’。教书给我赢得了那段时间。它使我得以留在这儿，在政治形势安定下来之前对这件事进行思考并等待时机。”1946年，他们的第二个儿子贝建中出生，小名“弟弟”。“他们总想着以后早晚要回到中国，所以并没有特地教我们说中文。”贝建中说。

此时，任中国银行行长一职的贝祖诒正着手稳定深陷恶性通货膨胀泥潭的国民经济。眼看着中国又陷入一场内战，贝祖诒再一次写信劝阻了想回国的儿子。若干年后，贝聿铭意味深长地说：“这是我一生中最宝贵的忠告，我很感谢他（父亲）。”贝聿铭后来在接受《时代周刊》采访、谈及当时的心情时说：“后来因为战争我不得不留下来。留下来是幸运的，但这么做对我来说是很困难的，因为我的家人在中国，要割断联系是很痛苦的。我并不孤独，但我很想家。”等到贝聿铭再次踏上中国土地时，已是1974年。

第三章

纽约的新面孔

现代“梅第奇”的寻找

1948年，31岁的哈佛大学建筑系助教贝聿铭，离开安静的校园，从他居住的波士顿剑桥小镇来到大城市纽约。对这位东方青年而言，这个决定不仅仅意味着自此从安静的学术界投身到喧嚣的商业界，也是他人生轨迹就此转变的一个节点。

向贝聿铭伸出橄榄枝的，是作风张扬、嗜抽雪茄的纽约开发商威廉·齐肯多夫（William Zeckendorf）。齐肯多夫是纽约长岛一位制鞋匠的儿子。他曾在纽约大学读书，踢了三年足球，后来中途辍学，为他叔父的房地产公司收房租。1925 年，在他叔父赴欧洲度假期间，他想法把百老汇32号一幢不出名的办公大楼全部租了出去，由此开始了他的经营生涯。在整个经济大萧条时期，已成为房地产经纪老手的齐肯多夫继续赚钱，并于1938年加盟麦迪逊大街老牌不动产经纪管理机构韦伯纳普公司（Webb & Knapp），成为该公司当时年薪9000美元的副总裁。

齐肯多夫是个工作狂，他每周都发狂似的工作90个小时，大多数时候，他的耳朵边总挂着电话。他的三位秘书每小时给他接过去的电话有时多达35个，甚至传闻他有一次把艾森豪威尔总统打来的电话搁在一旁，只管应付另外一个电话。齐肯多夫也注意吸收平民出身的精明人士。“我对市里每一街区的房地产几乎都熟悉。”齐肯多夫在他的回忆录里说，“我认识大多数重要的经纪人和大批银行家，以及一些保险界人士，他们也都知道我，同时，我也给公司带来了热情和干劲儿。如果说我的合伙人中有一些很富有，那么我则具备雄心和壮志。就这样我把背景和个性结合起来，成了公司最有门路、最为热心的谋士。”

齐肯多夫虽并不具备哈佛、耶鲁这类名校背景，但天性好斗，敢于冒险。“凭借他对具有战略意义的地皮的非同寻常的第六感”，齐肯多夫熟练地进行了一系列大宗交易，从而攒下了不菲的财富，也逐渐攀升到公司的董事长一职。齐肯多夫通常的做法是，把城市中位置不佳、标准不高的房地产统统买下，然后根据一种崭新的、通常是激进且充满想象力的模式对这些房地产进行再开发，使它们的价值在原基础上翻三番。“当时我认定，房地产走出靠大吹大擂推销自己的阶段的时候已经到来。这事刻不容缓。”他在接受《新闻周刊》采访时说："如果说我在生意上标新立异，或者比较激进，那是因为别人只用金钱做生意，而我还运用想象力。"当时的《建筑论坛》是这样评价他的："他是那种能够激励人们在思想上取得更大进步的领导人或开拓者，同时他也激励人们在思想上适应现代的新模式、新规模。"

在齐肯多夫生意的鼎盛时期，他投身各种眼花缭乱的经营活动：涉猎过船运，在苏里南近海钻井勘探过石油，赞助过30个百老汇话剧；他在亚利桑那买下整座城市，还曾收购一座监狱。"二战"后，由政府担保的低息抵押贷款，使中产阶级在经济上有能力实现拥有住房的"美国梦"。嗅觉敏锐的齐肯多夫不会错过这个时机。他预测到，各大城市中心地带一片片破烂的贫民窟将得以重建，以满足一个繁荣昌盛国家的发展需要。而处于有利地位的房地产投资开发商将会在不可避免的贫民窟大拆修中大规模赢利。

齐肯多夫预料，建筑师和房地产开发商会在未来的商业模式中，发展出一种令人愉快的和睦关系。他在哈佛大学做讲座时说："一旦房地产建筑商兼经济学家能够天衣无缝地和艺术家及建筑师合为一体，我们就能创造住宅以及工业和商业的新建筑，这种建筑将以其经济实惠及功能主义的美观特征而经受时间的重大考验；届时，我们很可能会进入建筑的黄金时代。”

在此理念下，齐肯多夫急需为自己的公司招揽一批建筑师。他向当时担任现代艺术馆董事长的纳尔逊·洛克菲勒征求意见：“纳尔逊，你难道不觉得该是现代梅第奇雇用现代米开朗琪罗和达·芬奇的时候了？”自许为现代“梅第奇”的齐肯多夫告诉洛克菲勒：“我计划进行一项全国规模的大型建筑工程，我想召集一个能够提供新思维的建筑班子。”

齐肯多夫想网罗一批了不起的，但还不是那么出名的建筑师。于是他委托一个朋友去各地物色建筑人才，对方为他开了一份12人的名单，当时名不见经传的来自哈佛大学的年轻建筑师贝聿铭就在这个名单里。贝聿铭后来回忆：“当齐肯多夫问我能否去他那里与他会面时，我跳了起来，我真的跳了起来，因为我认为这是我了解不动产业务的极好机会。在中国当建筑师和在这里当建筑师是不一样的。你必须懂得不动产业务。”

1948年春的一天，贝聿铭与夫人找到齐肯多夫在纽约的办公室时，却发现这位房地产开发商正在挂满停车场照片的杂乱办公室中端坐着，窗帘上满是水渍。贝聿铭后来坦言："我当时确实有点担心我来错地方了。那间办公室实在让人不敢恭维。"而齐肯多夫则在自传中坦承对这位才华非凡、精明过人的东方年轻人有"相见恨晚"之意。两人的话题和爱好轻易就从建筑界跳到了两人共同的嗜好：葡萄酒收藏——齐肯多夫的酒窖有大约2.4万瓶的收藏，跻身美国之最。

贝聿铭的一位传记作者写道："贝聿铭所体现的是美国所想象的东方美德：高雅、受过完美的教育，举止矜持高贵。"另外，还有一个登不了大雅之堂的理由，齐肯多夫极端迷信，他给子公司标号时用的数字都要是13的倍数。当他知道他与自己的儿子以及贝氏父子都是中国的农历蛇年出生时，便认为这是一个极好的兆头。齐肯多夫后来在回忆录里也毫不掩饰他对贝聿铭的喜爱："贝那时还没有建过任何东西。然而，当他和他迷人的夫人一同前来造访时，我可以从他画的草图判定，他确实才华非凡。同时，我发现他精明过人、想象力丰富，此外，他不仅生活舒适讲究，而且是非常懂行的美食家。我对他相见恨晚，极为喜欢。"

对于第一次会面，贝聿铭则回忆："我走进他的办公室、与他见面的那个特定时刻，齐肯多夫已经忙完联合国、某城市和所有其他宏伟项目。他只对一个事感兴趣：有机器控制的停车场。他的墙上到处都是在重要临街地段驱动汽车的停车场的规划。那是我对他的第一印象。我被他的热情和想象力吸引住了，决定和他一起做事。”

虽然齐肯多夫拥有的机会和描述的前景给贝聿铭带来了很大的冲击，但他对于离开哈佛和回中国与否仍犹豫不决。齐肯多夫试图说服他：“我们将要做的种种事情将大大区别于、优越于这个国家其他任何人正在做的一切，而作为一名建筑师，将无法拒绝这样的挑战。”齐肯多夫当时并不知道，他的这条建议与贝祖诒给贝聿铭的忠告不谋而合：优秀建筑师的精髓不仅在于构思伟大的建筑物，而且要使它们与金融和经济要素有效地联系在一起。

在齐肯多夫的不断游说下，经过几个月的思考，贝聿铭终于下定决心，离开哈佛校园这块净土，从此投入一个充满机遇与挑战的新世界。1948年夏天，哈佛大学在亨利·考伯的布鲁克林住宅为贝聿铭举行了告别派对。有人形容，这是贝聿铭向美国权力中心不断靠近而迈出的第一步。

初露头角

“其实接受齐肯多夫的工作邀约非常冒险，因为在那个时候，受尊敬的建筑师从不与开发商一起工作。实际上，美国建筑师学会责难贝聿铭和齐肯多夫合作；在哈佛，贝聿铭的同事认为这是一次职业自杀，认为他背叛了学术界和职业道德标准。但是贝聿铭意识到，随着家庭的逐渐庞大，他没法仅仅依靠助理教授的薪水维持生活，所以他决定搬去纽约，学习真正的房地产和商业——这些事情他在学校都没有学过。贝聿铭还打算带着他新学习的知识回到中国。”在贝聿铭事务所工作了18年的珍妮特·斯特朗博士亦是《贝聿铭全集》的编者之一。

“贝要走商业化道路，这对大家都是一种震惊，”建筑师兼评论家菲利普·约翰逊（Phillip Johnson）回忆说，“去为单个的房地产开发商服务在建筑业的既成惯例上是一次了不起的突破。那不是人们所认定的当建筑师的途径，但时代在发生变化。贝看到了这一点，而其他人却没有。”

1948年秋天，贝聿铭搬进韦伯纳普公司给他配备的办公室，那是一间后房，除了几张简易书桌以外，几乎四壁空空。与他共用这间办公室的人叫约翰·普莱斯·贝尔，贝尔原在《世界电讯报》工作，专门采访市政厅，后来被齐肯多夫“挖”过来，策划公司的公共关系。“你总是感觉到贝的存在，我第一次见到他时，他正侧身站着，靠在一张桌子上。他一言不发。我进来后，齐肯多夫给我们做了介绍。当时的气氛中有某种东西让我觉得，这个人与众不同。这种印象我一直保留到此时此刻。”贝尔说。

在公司其他同事眼里，贝聿铭是一个从容不迫、引人注目的年轻人。有人开玩笑说，齐肯多夫的体重超过了贝氏一家人的体重总和，但是没有人敢忽视贝聿铭的存在。“虽然两人从身材上看相差很多，但他们的气场是相当的，两个人都能感觉出这一点，不必挑明。”与贝聿铭工作了近40年的华人建筑师黄慧生（Kellogg Wong）说。

刚加入事务所时，黄慧生并不清楚贝聿铭的出身，“但从他的穿着、他透着自信的特殊习惯，我能感觉到他出身优渥”。“虽然贝先生和我一样，个头都不算高，但他走进一个房间，他自然地就成为中心，他有这种自信和风度（bearing）。”作为密西西比出生的华人，黄慧生自认从小就有不安全感，“他的出身背景和我不一样，我从小就没见过博物馆，而他就出生和成长在美好的事物中。”让黄慧生印象深刻的还有，有时候两人一起外出看场地，“十几岁的孩子看到我们都是中国人，就叽里呱啦地学说中文来嘲弄我们。我非常恼火，但贝先生毫不为意，只是微笑。因为他知道他自己是谁”。这种气度黄慧生自认是学不来的。

尽管比周围那些老练的公司决策人年轻许多，但贝聿铭丝毫没有显示出局促不安。他以他的优雅风度和谨言慎行在齐肯多夫的助手之间周旋。他后来说：“很重要的一点是要尽可能充满信心地着手做事。你得对你自己说：‘如果我相信某件事是对的，那就不在乎我是谁了。’确定你自己的位置，鼓起你的自信心。”

《纽约时报》的专栏作家威廉·萨法厄记得，在他以年轻宣传员身份参加的早晨7点钟召开的会议上，贝聿铭是最机智的人。“聿铭要等到别人叫他时才开口说话，而叫到他时，他知道所有问题的答案。那时他脸上的表情和现在一样——兴致盎然，从不困惑为难，面对挑战他总是兴奋不已。那种表情和那些会议的气氛自然是相得益彰，十分吻合。”贝聿铭的创造力也为人惊叹。一位与他打过交道的朋友回忆，他们在讨论一个项目时，贝聿铭立即掏出一张描图纸，不到一刻钟就起草了一张设计图以及立体图，这个草图和最后完成的建筑几乎丝毫不差。如此出众的创造力令人目瞪口呆。

由于纽约的富人相继搬往市郊，齐肯多夫发现很多战前修建的豪华公寓空了出来。与此同时，大量士兵的退伍使得对于一居室的需求前所未有地飙高。计算起来，改造分隔原有的公寓房可能与直接修建新楼的开销一样高，再加上齐肯多夫坚信房地产市场不久就会出现对大户型的回归，于是，他对贝聿铭说：“聿铭，如果你能设计出可以自由伸缩的公寓楼，我们就能动手盖一栋。”齐肯多夫的基本构想是建造一栋住宅“大树”，从主树干四面延展出独立的平台或空间，每一户都可以按各自所需在这一空间内建造不同尺寸的住宅。

两周后，贝聿铭提出了自己的方案。那是一座绝对创新性的21层圆柱形建筑。所有的公寓均为楔形，并自然连接成链，以半层为单位沿中心主“树干”螺旋形上升。螺旋公寓被媒体誉为“当代美国公寓中设计独树一帜……迄今最富想象力及创新性的作品”。著名的工程师们也一致称其为“惊世之作”。

齐肯多夫对贝聿铭的这一设计也十分满意，甚至为它申请了专利权，使得螺旋公寓（The Helix）成为第一座拥有专利的公寓楼。他自信地说：“时尚界常有以一衣横扫全球的情况，Helix怎么就不能成为建筑界的迪奥（Dior）呢？”他更是逢人就大加炫耀这一作品。当柯布西耶在做联合国总部的项目时，他对着Helix的模型审视良久。他含蓄地问：“采光如何解决呢？这个设计方案中丝毫没有考虑到这个问题。”贝聿铭解释说，在纽约，公寓里都设有空调，因此朝向并不是问题，重要的是景色。柯布西耶没有多加评论，但回国后不久便致信表示对螺旋公寓的兴趣，并提出要看看设计图纸和剖面图。

小洛克菲勒对螺旋公寓的评价是“独树一帜”，并称赞齐肯多夫破旧立新的勇气和前瞻性。他写道：“无论螺旋公寓的成品如何，它都将是都市建筑领域绝对的创新和进步。”遗憾的是，尽管它广受赞誉，而且建造成本预估要比传统建筑低20%，齐肯多夫最终还是没能筹到足够的资金。所以贝聿铭的设计最终只停留在纸面上。

当年让齐肯多夫更加声名大噪的，还有联合国总部项目。当时联合国正在纽约寻找建造总部的土地，在与其他地产商几番谈判失败后，联合国几乎要放弃，考虑选择费城作为总部的落脚点。这时，齐肯多夫决定将他手上的一块地皮贡献出来，供联合国总部使用。尼尔森·洛克菲勒说服了他的父亲——约翰·洛克菲勒支付了850万美元，为联合国买下了这块地。尽管齐肯多夫此后有很多大手笔，但他平生最引以为傲的，就是为联合国提供了总部的土地。虽然齐肯多夫少赚了几百万美元，但却获得了极高的知名度。此外，他的与这块土地相邻的所有房地产全部身价倍增。

齐肯多夫在纽约麦迪逊大街383号的办公室，建于1922年。随着时间流逝，这幢楼已显得有些破败。这与已跻身美国上流社会的齐肯多夫的社会地位有些落差。出于对贝聿铭的信任，齐肯多夫将自己宏伟大计的第一步——改建公司办公楼，交给了这位年轻的设计师。

贝聿铭致力将位于12层的公司总部打造成为符合齐肯多夫房地产大亨身份的作品，体现齐氏走在时代前列的形象。贝聿铭借鉴了密斯·凡德罗设计的巴塞罗那展览馆，先是在12层建造了一个疏落有致的接待区，透过那里的玻璃窗向外望，可以看到一座经过美化的露天平台，里面摆放着富有异国情调的盘根错节的松树造型和一座青铜雕像。一迈出电梯，人们就可以感觉到公司的富有、高档，以及绸缎般高雅的气质。

除此之外，贝聿铭将齐肯多夫的办公室设计成了一个直径为7.6米的柚木质圆柱体，安置在铺着华丽地毯的宽敞接待区中间的显赫位置。贝聿铭后来半开玩笑说，将办公室设计成圆柱形是受齐肯多夫形象轮廓的启发。齐肯多夫对这个办公室显然非常满意。他曾写道，他的“拱形圆顶小屋”在主宰公司活动方面，“其有效性绝不亚于美国内战期间赫赫有名的装甲舰‘莫尼特号’上那把牢牢控制着本舰及附近水域的旋转枪架”。室内还陈列着一只珍贵的乾隆时期的花瓶和贝聿铭2500 美元购置的一尊马蒂斯的青铜像。在原本装修布置大同小异的商界，这些如博物馆展品一般的摆设极大程度地给这间办公室增添了精致感。迈克尔·坎内尔在《贝聿铭传》里评论说：“这些艺术品和那棵引人注目的松树一起预示着贝聿铭将终生不懈努力、希望用艺术和绿叶的精妙润色来缓冲现代主义的工业化直露特征。”

贝聿铭的团队里大多是哈佛出身的建筑师，贝聿铭带领这个团队把总部办公室的每一个细节都做到了极致。虽然改建花费了50万美元，超出了预算，但因为有齐肯多夫的全力支持和信任，贝聿铭得以完全不受资金限制地放手设计。这个设计在当时让不少人耳目一新，六家杂志都刊登了照片，《财富》杂志称其为“美国国内最出色的办公室室内设计”。

向商业地产进军

虽然贝聿铭初试身手便轰动一时，但他仍然是一名缺乏经验的年轻建筑师，人们对于他能否胜任商业房地产开发设计仍有疑问。但贝聿铭很快用作品证明了自己的能力。

齐肯多夫当时在亚特兰大市中心有几处商业用地，其中一处地处闹市黄金地段。早在1949年底，齐肯多夫就将这块地租给海湾石油公司用作写字楼的建设。当时海湾石油公司正借战时石油消耗量上涨的势头迅猛发展，想要在当地扎下根来。这是齐肯多夫让贝聿铭第一次涉足真实的房地产开发世界。他说："聿铭，你去亚特兰大，我们的预算只有每平方英尺7美元，看看你能不能给我造一栋楼。"

这对刚从哈佛校园走出不久的贝聿铭是个不小的挑战。一开始贝聿铭想用砖头建楼，但后来，他敏感地意识到当地材料的重要性，于是他拜访了附近的佐治亚大理石公司。首先他向该公司的老板汇报，称其产品在纽约被广泛用作卫生间隔墙石材；趁着老板高兴的劲儿，贝聿铭借机向他承诺，只要老板肯低价提供石材，他就在自己将要建设的写字楼里尽量展示公司的产品——在此之前，大理石多被用作砖石建筑的饰面石材。贝聿铭把它从这种单一的角色中解脱出来，直接将四英尺的石板作为墙体。在表面的钢结构之下，纹理鲜明的白色大理石给本来一板一眼的设计增添了一种引起变化的自然元素。贝聿铭说服采石场提供价格便宜的护面，改善其产品质量，同时在夜晚用卡车把预制的石块从工厂运到工地。这座建筑只用两周就搭起了骨架，在短短四个月内建成了办公楼。为了进一步降低成本，贝聿铭决定用固定窗取代活动窗，内部用空调调节温度。同时，在屋顶铺上一层大理石碎末，以减少暖通空调负荷。

建成的海湾石油公司办公大楼（Gulf Oil Building）四四方方，简单结实。虽然谈不上经典之作，它却给略显混乱的市中心注入了新的精细元素。它所体现的自信、优雅和谐调，都远远超越了它的个头和有限预算。齐肯多夫大力称赞这栋办公楼为一个成功案例，证明韦伯纳普公司对建设亚特兰大市中心做出的贡献。半个世纪之后，在新高层建筑的包围下，海湾石油公司办公大楼仍然近乎完好无缺地屹立在亚特兰大市中心。

这座楼的特殊之处，不仅在于它的成本仅为每平方英尺7.5美元，更重要的是，它给齐肯多夫带来了信心，并且使得贝聿铭的事业成功起航。之后的几年间，这位原本毫无经验的建筑师手头就有了近300万平方英尺（28万平方米）的项目。

有一天，一位房地产经纪人来到齐肯多夫的办公室，给他看了丹佛市中心一个2.5公顷的地块，意欲邀请齐肯多夫前来开发。齐肯多夫的部下花了整整四个月的时间进行研究，他们得出的结论是：丹佛已具备条件成为正在兴起的落基山脉“帝国”的首府。

1950年的丹佛，不断上升的人口使得其城市规模稳步扩大，然而在丹佛市郊不断扩展的同时，城市中心却显得死水一潭，自“大萧条”以来就没有什么能拿得出手的新建筑。初来乍到的齐肯多夫，当时不过是个普通的房地产商，而贝聿铭也是初出茅庐，还没有独立完成过一整栋建筑。不过，在里高中心（Mile High Center）——他们的第一个私人城市改建项目中——他们打破常规，开拓性地在市中心商业建筑里实现了公共空间和私人空间的良好结合。里高中心，以及1960年在附近建成的政府广场带起了一股建筑潮，由此逆转了丹佛此前向郊区分散发展的趋势，把丹佛逐渐建设成为美国国内最有活力的城市中心。

里高项目将以丹佛第一座摩天大楼——23 层的商用楼为中心，前面由一座二层玻璃展厅从造型、用料和功能上对大楼进行衬托。展厅顶部为混凝土结构，呈曲线型。一旁还有一栋改建后的石灰岩银行建筑。地下通道将这三栋建筑通过同一个停车场联系起来。里高中心被看作微缩版的洛克菲勒中心，给丹佛原本老气横秋的市中心注入了新的活力。到了晚上，广场上音乐响起，中央的七彩喷泉吸引了不少市民。在设计理念上，贝聿铭与房地产业的传统背道而驰，坚持反对将底层临街空间全部租给商家作为店面。他向齐肯多夫保证，只要将均租金每平方英尺提高5美分，就可以弥补这一设计带来的损失。而且“这将是个非常美观的建筑，因此你收租金的时候一点也不会吃亏”。

贝聿铭将商店和餐厅安置在玻璃展厅底层的中央大厅，让人们可以临池赏鱼，而中间约2.7英亩的场地则租给零售商。果不其然，这一举措取得了极大的成功。齐肯多夫按照纽约的水准收取租金——即每平方英尺6美元，大约是丹佛当时租金水准的两倍，但它仍然成为丹佛空房率最低的写字楼之一。它独特的设计引来了一众重量级客户——美国国家银行丹佛分行成了中心的主要房客，这促使当地其他银行搬入其他新楼。正如贝聿铭所预料的那样，露天广场的名声给中心带来的收入弥补撤去底层商店所造成的损失绰绰有余。贝聿铭后来解释道：“要想造出好建筑，钱不是最重要的，而是需要很多好的点子。我告诉齐肯多夫说我虽然不是魔术师，但只要把预算增加5%至10%就能大有不同，于是他同意了。”珍妮特·斯特朗女士在《贝聿铭全集》中评论说，正是在里高项目的创作中，贝聿铭第一次在“创造空间”上做出了尝试。他巧妙地利用了楼与楼之间通常被忽视的空间，将它变成了建筑不可或缺的一部分。而齐肯多夫盛赞里高项目为“超越时代，经得起岁月考验的写字楼”。

渐渐地，齐肯多夫的公司不仅仅参与单个建筑和小型商业中心项目，也开始介入城市的部分整体规划。齐肯多夫当然希望在纽约获得项目机会，因为齐肯多夫得罪了纽约的一些权贵，他的公司只能在纽约城外寻找商业机会——贝聿铭从中学会了宝贵的一课，没有政府强有力的支持，再好的建筑计划都是无法实施的。所以他后来无论做什么项目，都十分注意获得政府的首肯和支持。

齐肯多夫的名气越来越大，来自其他城市的商业邀约也越来越多。如果齐肯多夫认为这个项目值得考虑，就会让贝聿铭进行实地考察。一旦确定后，齐肯多夫通常会乘坐公司那架DC-3飞机，“一边喝着马提尼，一边听着助手对于目的地情况的报告”。他们的飞机在城市的上空长时间地盘旋，以便让齐肯多夫和贝聿铭能够在降落之前好好观察这个城市。落地之后，贝聿铭会跟随齐肯多夫进入一系列的会议、精致的午餐，并在当地的新闻媒体上发表鼓舞人心的讲话。然后齐肯多夫的团队飞回家，着手拟定针对该地区发展的一个核心计划，为某个建筑进行选址和初步规划设计。贝聿铭说：“我们在全国各地到处飞。不管什么地方出现了城市重建的细微迹象，齐肯多夫都能察觉到。然后我们就去那里。市长们很欢迎他。他会明确告诉他们，他们应该做点什么，而他们都听得出神。”

这些外出考察对于年轻的贝聿铭来说，是房地产的速成课。他很快成为一名极为难得的可以就建筑位置和资金等实际细节发表权威性意见的建筑师。他从齐肯多夫那里学会了如何认清利害关系方，如何说服他们接受齐氏公司的意见。这是贝聿铭在整个职业生涯中都将运用的一门技巧。“贝聿铭事务所给人印象最深的成就，”评论家彼得·布莱克（Peter Blake）写道，“就是说服资本主义社会中那些经常明争暗斗的商人自觉自愿地做通常在其他地方，在管理更为严格的社会需要通过实施政府法令才做得到的事情。”

贝聿铭很快就了解到，建筑设计图常常把商人们搞得晕头转向。此后的职业生涯里，贝聿铭给他们展示的不再是设计图，而是美丽的红木模型。波士顿市的规划者曾经评论说：“聿铭和他的部下之所以区别于其他建筑师，是因为他们在主宰城市重建开发的诸多事情上目光敏锐，并且善于表达……他们把城市各组成部分都做成缩尺模型，而这些模型使任何一个门外汉都可以理解某一特定项目所蕴含的意义——设计图从来没有如此清晰地做到这一点。”

“他粉碎了他们心中有关建筑师的概念，”一位合作者回忆说，“他看上去非常稳重、从容不迫，非常友好，有见识。与其说他是用自己的建筑，不如说他是凭借他与高层管理人员的谈话方式证实了他的能耐。”

但在创业初期，并不是所有项目都是一帆风顺的。当年，当丹佛的项目全部竣工时，齐肯多夫和贝聿铭已经深深卷入他们最雄心勃勃的建筑方案——华盛顿特区西南区的重要开发活动。华盛顿西南区于1791年由皮埃尔·朗方（Pierre L’Enfant）建成，作为联邦城的一部分。接下来的100多年间，西南区和市中心最初是隔溪相望，后来是分处运河两边。到了1856年，新建成的巴尔的摩—波托马克铁路把西南区彻底同市中心隔离开来。这样的隔离给西南区带来了很多问题，联邦政府曾将华盛顿西南区称为“国会大厦背阴处一片被遗忘的贫民窟，疾病横行，犯罪猖獗，十分碍眼”。因此，当地报纸便大力呼吁政府从自己后院动手，将这一片占地522英亩（211公顷）的贫民窟辟为全国最大的城市

贝聿铭展示城市缩尺模型

复兴试验田。《华盛顿邮报》的出版人菲尔·格雷厄姆（Phil Graham）毕业于哈佛法学院，他曾经听过齐肯多夫在哈佛大学所做的演讲。他说动齐肯多夫来接手这个项目。

1954年，齐肯多夫和贝聿铭向华盛顿政府提出了改造的总体规划。该规划一提出，就得到了《华盛顿明星报》的大力赞许。但是这一规划遭到了国会大厦规划委员会（NCPC）的阻挠。与此同时，其他利益集团也大力游说，致力于抑制当时聚集着黑人贫民窟的西南区发展。另外，近30个互相斗争的联邦及地方部门，虽然几乎毫无城市改造经验，但都想参与到项目中来，这也使得这一规划的实施裹足不前。由于当时官僚主义制约过于强大，最后时任总统的艾森豪威尔不得不出面干涉。多方阻挠之下，这一项目的实施只好一拖再拖。由于这段旷日持久的间断时间，韦伯纳普公司失去了关键的支持力量。1961年，艾森豪威尔总统卸任，《华盛顿邮报》出版人菲尔·格雷厄姆自杀，物是人非。等到事情终于有些进展的时候，齐肯多夫和贝聿铭已经退出了这一项目。其他房地产开发商蜂拥而入，都企图从公司的规划中捞到好处。在随后的混乱妥协中，贝聿铭只设计了一幢公寓楼和一组办公综合建筑。1966 年，也就是在齐肯多夫和贝聿铭初步拟定计划的12年之后，齐肯多夫参加了破土动工仪式。他对记者说："让姑娘怀上孩子的是我，你在这里看到的那些人都不过是产科医师而已。"

尽管华盛顿的改造工程对贝聿铭来说是个并不美好的回忆，但此中种种酸甜苦辣，都转化为种种难得的经验，成为他日后成功的重要因素。

1957 年，贝聿铭开始介入基普斯湾广场（Kips Bay Plaza）项目。那时，贝聿铭已经在齐肯多夫手下工作了近10年，主要负责规划和城市更新，还有几个设计后未建成的项目。基普斯湾让贝聿铭第一次有了机会在纽约中心的真实建筑项目上大显身手。对贝聿铭来说，这是一次大胆的创新尝试，旨在将大规模城市住房项目做成建筑艺术品。这个项目之所以能够完成，可以说完全是齐肯多夫和贝聿铭一直坚持没有动摇的功劳。作为开发商的齐肯多夫说："我们在城市住房项目上开了个先河，这一创新所带来的影响至今仍让我们颇为自豪。"对于建筑师贝聿铭来说，这个在纽约的第一个大项目是他职业起步期的重点。也是在这个项目里，贝聿铭的设计风格逐渐确立下来，包括他的环境规划、细节处理，以及无人可及的技术专长。自此以后，他完成了大量日益精致的混凝土结构建筑作品，并以此为根基建立了自己的事务所。

项目拿到手后，齐肯多夫首先派贝聿铭到基普斯湾南面刚完工的楼群项目史蒂文森城—彼得库伯村（Stuyvesant Town–Peter Cooper Village）去考察。贝聿铭对这些建筑的评价是："巨大，千篇一律，毫无新意。"他下决心推翻原来的总设计图，重新开始。贝聿铭将原来的设计改为两栋长410英尺的板楼，辟出占地总面积10英亩的一半多作为一个中心花园，通过调整两栋21层板楼的位置来保证通风及空间的整体感。那时，一般建筑师都只把眼光锁定在自己分内的单一建筑上，而贝聿铭则不同。多年跟随齐肯多夫进行城市更新的经验，让他能够从整体城市规划的角度看待问题，并赋予了他处理城市难题的自信。

在贝聿铭的方案中，每一个细节的设计都在整体平衡的大框架里，符合高密度建筑的审美观，即简洁取代复杂、单栋建筑遵从四周的整体空间。基普斯湾与周边参差不齐的建筑群形成了强烈的反差，呈现了自身环境设计的连贯性。

当时很多开发商和建筑师有这样一种心理：要想赚钱，不断复制就够了，没有创新的必要。但贝聿铭对这种模式发起挑战。在基普斯湾项目中，贝聿铭迈出了重要的一步：将结构和表层合二为一，一步完成。

当时结构混凝土已被广泛使用，可还未被用作直接成型的楼体。贝聿铭大学时曾在一家工程事务所做过混凝土设计的工作，他意识到现在这个项目需要的是内行技术。在接下来的三年里，基普斯湾变成了一个实验室，贝聿铭认真分析和检测了混凝土生产的每个方面，从省司法厅材料来源到定型技术，面面俱到。实际施工的时候，模子是由一位布鲁克林的细木工根据贝聿铭提供的规格，用加上塑料表层的花旗松制造的，然后注入新开发的里海山谷的轻质驼色水泥。由于之前的建筑都不用考虑表面冲击，这也是第一次为模具画设计图。这一工艺和基普斯湾的其他创新一样，后来都成为业界的标准。值得一提的是，齐肯多夫用整个公司做担保，当其他开发商都只看到零风险的即时收益时，只有齐肯多夫坚信这项混凝土现浇工艺最终会成为本轻利厚的建筑方式。

1 Av

基普斯湾广场

蔓延的都市景致、光线、空气和开放空间，使基普斯湾项目成了早期现代主义风格的典范。《纽约时报》将它称为“都市公寓项目里最接近玻璃房的作品”。1993 年5月20 日，基普斯湾的居民们给这个公园冠上了“贝聿铭”的名字。

安定的小家庭

尽管在工作上很投入，但贝聿铭并不是那种“工作狂”。1951年，他和陆书华启程去欧洲旅行四个月——这趟旅行由他在哈佛大学获得的奖学金赞助，因为接受齐肯多夫的工作邀请而延迟。办公室的同事们给他举办了送行宴会，从香港来纽约出差的贝祖诒也在欢送者之列。但开船时间快到时，贝聿铭夫妇却险些没能上船。原来，他们把护照打包在了行李中，而行李又被早早送到船上。几乎直到船开前的最后一刻他们才搞定。贝聿铭的父亲知道此事后忍不住哈哈大笑，告诉别人，这是很典型的他儿子的风格。

1952年，贝聿铭打算在当时还是郊区的卡托纳

（Kathonah）建一个度假屋。卡托纳位于纽约市区东北30英里处。贝氏私邸是个四四方方的现代主义建筑，可以找到密斯·凡德罗的范斯沃斯住宅（Farnsworth House）和菲利普·约翰逊的玻璃房（Glass House）的痕迹。“当时我没什么钱，不过资金有限并不代表就不能建房，只不过是要另辟蹊径。”由于地处乡村，请工人成本很高，贝聿铭决定用预制部件“一次成型”。建筑师兼评论家彼得·布莱克把它称为“有节制的富丽堂皇的奇迹”。卡托纳的私宅对于现代主义意义非同小可，几十年后，在贝聿铭获得1983年普利兹克奖的时候，他在颁奖演说中还提到它，将它比喻为“现代主义先锋之作”。

搬到纽约两年后，贝聿铭夫妇生了第三个儿子贝礼中，小名“三弟”。随着子女的降生，贝聿铭的小家庭也进入相对平稳的阶段。他们回中国的可能性越来越渺茫。抗战结束后，贝聿铭的弟弟贝聿昆曾回到上海建造了一家玻璃工厂，但几年后因为中国的政治变动又不得不离开中国。1955 年，贝聿铭和陆书华一起排队进入纽约的波罗广场。司法部部长小赫伯特·布朗诺尔在第二台基后面搭起的平台上带领聚集在那里的一万移民举

贝聿铭全家在欧洲度假

行成为美国公民的宣誓仪式。贝聿铭后来回忆起这一刻百感交集：

> 一方面，我非常伤心，因为我不得不放弃我们的文化、我们的根和我们祖先的家园；另一方面，能够在这个美妙的国度生活，我们不仅感到幸福，而且充满感激。大约之后这种交错复杂的感情消失了。当时，林登·约翰逊总统邀请我去艾利斯岛参加庆祝仪式。正是在那个时候我觉得自己很像美国人。
>
> 美国对我一直是一种祝福。它所给予我的是我在任何别的地方都不可能经历的各种挑战。对我来说，我所拥有的一切几乎都应归功于这个国家。

值得一提的是，为了支持贝聿铭的事业，出身优渥、同样毕业于哈佛大学的陆书华最终放弃了自己的事业。贝聿铭深知此点，也一直感念夫人对他、对家庭做出的牺牲，他在公开场合形容她是他“最好的顾问”。2012年，陆书华去世，这给相携走过一生的贝聿铭带来了非常大的打击。

就在贝聿铭的小家庭日益安定的同时，贝聿铭的建筑师生涯也跃入一个明显的上升通道。这当然离不开齐肯多夫的支持。很欣赏贝聿铭的齐肯多夫，每到一处都要很郑重其事地把这个极富教养和个性色彩的中国设计师介绍出去。“齐肯多夫喜欢炫耀聿铭，”亨利·考伯回忆，“假如他给贝聿铭穿上东方服装、外加一条辫子的企图能够得逞，我想他是会这么做的。”与张扬高调的齐肯多夫相比，不卑不亢的贝聿铭更让人相处舒服。他从不炫耀性地用设计专业术语，而是用浅显易懂的词语表达他的设计理念。正如《贝聿铭传》作者所言，他有着一种能够将房地产的实用性和设计的高雅性完美结合的天赋。

彼时，贝聿铭夫妇已经搬进纽约比克曼广场30号六层的一套面积很小的公寓中。“那时候，我的父母亲没有多少钱，”贝聿铭的长子定中曾经回忆，“晚上他们在市里玩也不舍得花钱，只是去‘自由音乐场’，在隔开的小房间免费听唱片。”到了周六，贝氏夫妇就去从他们的住宅走一小段路就能到的第57街，浏览各家画廊展出的丰富的战后抽象派艺术作品。

有趣的是，齐肯多夫当时就住在这幢大楼顶层那套有九个房间的豪华公寓里。贝聿铭于是成了工作狂齐肯多夫的直接“受害者”。“早上7点钟他就会打电话过来，我太太去接电话，他会问：‘聿铭起来了吗？’我太太说‘他在冲澡’，他就会告诉她：‘那么，叫他快点吧。我这儿有一宗房地产想让他看看。’然后，我们就过去。他便把东西给我看，问我：‘看我们该如何对付它？’”贝聿铭回忆道。

为了对付日益繁重的工作，贝聿铭逐渐搭建了一个以哈佛毕业生为核心的工作小组。此后的10年多时间里，以贝聿铭工作小组为核心的部门已有75人，每年负责高达5亿多美元的项目。菲利普·约翰逊说：“毫无疑问，贝聿铭是最精明的哈佛毕业生。他将大获成功，这一点是显而易见的。他讲话时说服力很强，他的设计使齐肯多夫和其他建筑师都感到满意。他总能击中要害。”

更重要的是，齐肯多夫喜欢独树一帜，每当贝聿铭提出一种想法，他都会问：“以前有人这样做过吗？”如果答案是否定的，他就会很高兴地说：“那好，我们就去做一下吧！”这对年轻的贝聿铭来说，无疑是大胆实践的最佳机会。贝聿铭日后回忆起齐肯多夫时，也说了非常中肯的一段话：

发展商必须制订计划，如果做对了，就能从中获利。齐肯多夫经常告诉我："现在我有山姆大叔做我的银行家。"我跟着他几乎走遍了美国的大城市，帮他指出需要发展的地区。我们搭乘他的私人飞机去了不少有发展机会的城市，这为我提供了很好的机会去结识州长、市长、发展官员和社会里许多有影响力的人。同时，我也学会了将城市看作是一个有机体，从而提出各种城市发展的建议。这些经验对我来说是很好的锻炼，但从建筑角度而言稍有欠缺，因为大部分的工程都是低收入住宅。

当时，贝聿铭肩负着对成打的项目和项目意见书不断地进行考察和管理的重任，必须竭尽全力争取才能找到时间做设计。他会随时从床上起来去解决让他牵肠挂肚的设计难题，在以后的整个职业生涯中他都保持着这个习惯。妻子陆书华说："他需要八小时的睡眠。但他经常只得到六小时的睡眠。我起床去卫生间时会发现公寓里到处都是小纸片，提醒他做这个、做那个，或是和某人联系。"

尽管争议颇多，齐肯多夫无疑是对贝聿铭一生有极大影响的一个人物，他的人生也绝对值得一本厚厚的传记。贝聿铭评价齐肯多夫是“最有想象力的开发商”，他坦言当初为齐肯多夫工作时，只是想学一些房地产开发的经验，“出乎意料的是，我从这个人身上学到了很多东西。我来美国之后，很少走出学术界，是齐肯多夫把我带入了一个新世界，我很感激他”。

齐肯多夫对贝聿铭的欣赏是众所周知的。但更重要的是，他给了事业初起步的贝聿铭以最大限度的支持。韦伯纳普公司的主管会计阿瑟·菲伦说：“聿铭是一个充满魅力、出类拔萃的人，一位伟大的建筑师。问题是，他的设想太昂贵……我曾经告诉比尔（齐肯多夫），我们的钱不够了，无法承担这样的项目。比尔却说：‘依我看，我们正谈论的这个人将作为我们这个时代的一位伟人而流芳百世。’”

齐肯多夫渐渐成了一个父亲似的存在。贝聿铭的夫人后来说，齐肯多夫给当时“空空如也”的贝聿铭灌注了在学校里学不到的丰富的社会知识和经验，也给从小家教严格的贝聿铭带来了他所缺失的情感上的温暖。

4

第四章

成为贝聿铭

自立门户

基普斯湾项目之后，贝聿铭又陆续设计了很多令人耳目一新的作品，比如中国台中的路思义教堂、费城的社会山改造项目等。在齐肯多夫手下，固然设计了不少项目，很多都盈利不少，但并没有建筑美学上的太大造诣，这也是让贝聿铭有点苦恼的。他不愿意被永久地固定为“房地产开发商的建筑师”，只会设计房地产项目。

与齐肯多夫一起工作，贝聿铭也见证着很多人像过山车一样大起大落的命运。20世纪50年代中期，当时纽约中央铁路公司新上任的总裁罗伯特·扬意欲重修中央车站。中央车站是纽约市的地标性建筑，闻听此讯，齐肯多夫当然不会放过这一机会，贝聿铭也跃跃欲试。他设计了一个颇具现代风格的双曲面大楼，如果想要实现这个，需要一个大手笔——拆除旧车站。在罗伯特看来，双曲面大楼是他接到的几个改建提案中，最出色的一个。然而，1957年，因为中央铁路公司的巨亏丑闻，罗伯特·扬自杀身亡，双曲面大楼的设想也灰飞烟灭。而此时的齐肯多夫也走上了疯狂扩张的道路，这让贝聿铭非常不安。韦伯纳普公司充满魅力和繁荣兴旺的表象背后潜伏着日益难以把握的抵押和高息贷款隐患。1955年左右，贝聿铭即向齐肯多夫表示过他的不安，流露出想离开的想法。“齐肯多夫是一个传奇的开发商，他总是渴望尝试新想法，做大生意，抓住所有机会。他在房地产行业赚了大钱，也赔本不少。齐肯多夫想做些大事情。他喜欢让贝聿铭和贝聿铭的专业建筑师团队帮助他实现自己的想法。而且他和贝聿铭非常亲近，两人就像父子一样。所以贝聿铭提出离开、创立自己的建筑事务所，对他来说非常突然。”珍妮特·斯特朗评价。

但是这样的处理无法根本性地消弭贝聿铭对职业前途的忧虑。虽然贝聿铭在华盛顿、蒙特利尔、费城等地为齐肯多夫完成的大型规划，为他提供了宝贵的经验，但像一些低收入住房和商业开发等项目，都有艺术性上的局限。“我知道如果我待在这家公司，我将永远无法得到我真正想要的项目。”事实上，贝聿铭确实曾一度被美国建筑师协会排除在外，因为有些成员认为他是“房屋建筑师”（House Architect）。基于这些原因，贝聿铭所追求的那些在艺术上有挑战、曝光率高的项目一开始就将齐肯多夫的公司和贝聿铭排除在外。他一直觉得，他和齐肯多夫的关系，很大程度上使他丧失了设计林肯中心的机会，而这也是当时最受人追捧的设计项目。

尽管颇感意外，但大度的齐肯多夫还是以高姿态来处理了贝聿铭的忧虑。“大概在1955年和1956年，我对齐肯多夫说了我们的不安心理，他非常理解，对我说：‘你们可以接一些外面的业务，但不要把我们忘了。’”贝聿铭后来回忆说。

1959年，贝聿铭的母校麻省理工学院邀请他设计一幢九层高的地球科学实验楼。齐肯多夫同意贝聿铭以个人名义接下母校扩建项目。这也是贝聿铭第一次建立传统意义上的客户关系。贝聿铭说服麻省理工放弃原计划，把实验室建成21层的高楼。他承诺说，这幢楼将会是使该学院新古典主义风格的校园成为有机整体的里程碑式建筑。塔楼于1964年落成，当时是麻省理工学院甚至是整个剑桥小镇最高的建筑。但在这个项目中，经验尚浅的贝聿铭出现了一些设计失误，其中最尴尬的就是塔楼的门有时会因为风力作用而打不开。直到后来进行了重新设计才解决了这一问题。

后来，贝聿铭为自己在这第一个独立的建筑项目里没能好好抓住机会而感到遗憾。他说：“当时接到这个项目的时候，我大量的时间都是为齐肯多夫工作的。不过，现在想来，就算当初有时间，我的思维模式也因为一直做低成本住宅而变得很僵化，很难打开思路。我是后来慢慢地才拓宽思维，将建筑视为一门艺术……如果那时我能多点时间、多点经验，那本来会是一个很重要的开端。”此后几年里，贝聿铭又为麻省理工设计了三栋大楼。

1960年，贝聿铭自立门户，开始独立创业。这个新团队聚集了原来齐氏公司设计部门的核心人马，建立了贝聿铭及合伙人建筑师事务所（I.M.Pei & Associates）。他根据设计室的面积付给齐肯多夫一笔象征性的租金，并且按合同给齐氏提供服务。而齐肯多夫给贝聿铭和他的合伙人写了一封很动感情、也很伤感的告别信。信中说，12年不长也不短，“在一起，我们创造了历史。我们所经历的划时代的事件，都将被未来世界中当代生活的记录者们重视；在他们的笔下，我们的事业深远地影响了美国建筑史进程，而我们对美好设计所衍生出的生活方式做出的改变，也将被记录在册”。贝聿铭后

1960年，贝聿铭自立门户，开始独立创业

来说，30年后重读这封信，依然令他潸然泪下。就算在30年后，他依然感念齐肯多夫——“(他)教会了我如何评估一片土地；我看待一个地段的眼光完全地转变了。”

令人唏嘘感慨的是，齐肯多夫后来像是交了噩运。1962年5月28日星期一，美股市场遭遇了1929年以来最剧烈的下跌，房地产也随之一蹶不振。韦伯纳普公司一直在承担无节制的经营费用所带来的重荷。由于交易数量庞大、性质复杂，齐肯多夫必须花钱请大批律师和会计师处理细节问题。光是贝聿铭的设计部每年就要花掉100万美元。同时，飞机旅行的新风使管理人员能够在一天之内访问不同的城市，从而降低了其旗下九家饭店的客房占用率。据报道，公司在1959年到1965年之间总共亏损了7000万美元。为了应付把他团团包围的债权人，齐肯多夫只得在公司的房地产完全盈利之前，忍痛把它们一宗接一宗地卖出去。令人叹息的是，股票的暴跌使公司损失了齐肯多夫与贝聿铭当年倾心合作的一些项目，包括丹佛的里高中心、费城的社会山和纽约的基普斯湾广场。

1965年一个星期五的下午，当齐肯多夫开着那辆豪华大轿车行驶在东河车道上时，车载电话响了，他被告知美国中部海洋银行已经下令收回一张850万美元的票据。韦伯纳普公司破产，欠下8000万美元的债务。齐肯多夫所有的电话都被切断。评估人员给韦伯纳普公司的家具加上标签，标出价格，准备破产出售。齐肯多夫写道："现在一切都停止了。我再也不能代表公司做事。实际上，我成了守灵时的旁观者，一个在公务上已经不存在的人，这对我是一种既陌生又痛苦的角色。"

1968年，齐肯多夫宣布个人破产，这一年，他的妻子在与他团聚的途中因飞机失事遇难。1976年，在曼哈顿大陪审团判定他没有交纳州所得税六个月之后，齐肯多夫因第六次中风，离开了他曾叱咤一时的世界。

事业起步

1960年，贝聿铭离开齐肯多夫的公司自立门户后，他接手的第一个项目是纽约大学"大学广场"（University Plaza）。这时的贝聿铭正处于转型期，这一作品标志着他10年城市重建时代的结束，从此开启了给他更大的建筑美学发展空间的校园建筑项目。早在两年前，基普斯湾项目就被《财富》杂志称为“十大面向未来之作”之一；在大学广场项目里，贝聿铭更为纯熟地运用了在基普斯湾项目中所尝试的技术，《财富》杂志称赞这一作品为“时代十大巅峰建筑”之一。

自立门户的贝聿铭也迎来了相当不错的开局。这一年的8月，纽约和新泽西州港务局邀请了五位杰出的建筑师为爱德怀德机场（现肯尼迪国际机场）预备建设的供美国国内多家航空公司使用的航站楼提交设计图。贝聿铭是竞争者之一，并最终赢得了这个项目。贝聿铭设计的航站楼，不和旁边沙里宁设计的表现主义TWA航站楼争奇斗艳，而是另辟蹊径，追求一种宁静平和的风格。贝聿铭的设计虽然受到了密斯大跨结构的影响，但更显现了他自己的美学特点：充满雕塑感的古典建筑形式、精湛的技术水平，以及对管理大量流通人群的分析和解决方案。

贝聿铭在事业起步期遇到的最大机遇和挑战，则是美国国家大气研究中心（National Center for Atmospheric

美国国家大气研究中心

Research，NCAR）项目。那时的贝聿铭刚“独立”了10个月，对于全新的建筑类型、客户动态、环境选址甚至建筑程序，44岁的他都需要“彻底转换思维”，从头开始。

国家大气研究联合大学校长罗伯茨是一位前沿天体物理学家，也是一位极具前瞻性的领导者。他希望在科罗拉多博尔德建立一个新的科研实验室。像齐肯多夫一样，罗伯茨也想起用年轻的、名气不那么大但有潜力的建筑师。由七所大学建筑学院的院长组成的设计师选拔委员会一致推荐了贝聿铭。委员会发布的备忘录这样总结：“该项目对贝是一种相当新的挑战，并将给他的个人生活和职业都带来好处和乐趣，从而能使他全身心地参与该项目。”

国家大气研究中心和贝聿铭之前设计的简洁的功能性建筑大相径庭，对他来说是个不小的挑战。更具挑战性的是，一边是通常喧嚣热闹、具有群体性的实验科学，一边是安静沉思、多个人化的理论科学，而罗伯茨坚持要将它们结合起来。因此设计的重点是要便于科学家之间的互动。罗伯茨为研究中心选择的地址是一座海拔6200英尺的平顶山。对一个急于寻求突破的建筑师来说，能在风景如此美丽的地方用建筑诠释如此理想化的项目，无疑是个完美的机会。然而贝聿铭却犯了难。他解释说，让他为难的，不仅仅是这一片未开发的风景区，关键是这块地的规模：“这一片地一望无垠，尺度很难把握。（我原来接触的）城市开发项目里，没有孤立的建筑，任何一栋楼和其他的楼、街道、广场，以及它们之间的空间都有着联系。”

为了切身感受这片空间的风格，贝聿铭徒步走遍了整个山坡，甚至在顶上露营，希望能切身感受太阳、风，以及这片无垠的开放空间。他自己也承认：“那时我在挣扎，在苦苦摸索，寻找救命稻草。”具体设计过程是艰难的，对于不断冒出的新点子，贝聿铭一个个地琢磨又一个个地推翻。有一天，他和妻子开车在美国西南部游玩，在科罗拉多的南部角落，他们看到了梅萨维德的阿那萨齐美洲印第安土著于13世纪建成的悬崖上的居所。贝聿铭后来说：“我发现，印第安人不是与他们的环境作对，而是使环境成为建筑物的一部分。他们的成功之处在于使用当地的材料，而后又把建筑物放回山中。从表面看，这些建筑物好像是从山中雕琢出来的。”由于国家大气研究中心预算很紧，贝聿铭从当地的采石场找来了砂石，将它们加入混凝土中，再用凿石锤进行加工，让表面露出深粉色。这一层淡淡的云母般的光泽使建筑物仿佛有了生命，从效果上重建了山体一样的自然景观。

国家大气研究中心项目于1967年竣工，它成型的设计是一座具有未来风格的混凝土建筑，与当时流行的野兽派建筑风格十分合拍。尽管它后来也暴露了一些技术问题，但它那簇铁锈红的混凝土墙凝聚着一种神秘的、炽热的力量。这些墙宛如充满浪漫色彩的山顶城堡，从容不迫地挺立在棕紫色的悬崖间，大有新时代雅典卫城的气势。菲利普·约翰逊称它是“后现代主义的第一幢大厦”。后来伍迪·艾伦在1973年拍摄的电影《傻瓜大闹科学城》(*Sleeper*)里还用到了中心的场景。从罗伯茨博士开始，贝聿铭与一连串大名鼎鼎的客户建立了亲密得可以称为合作式的工作关系。

珍妮特·斯特朗评价说：“国家大气研究中心项目，使贝聿铭第一次有机会探索建筑的艺术。尽管从近处看，还有一些细节显得不甚完美，但他独特的风格和建筑语言仍然熠熠生辉。在接下来的职业生涯中，贝聿铭不断琢磨自己的建筑美学，做出了更加自信和流畅的作品。”国家大气研究中心的建设是一次转折，它使人们首次瞥见成熟的贝聿铭的建筑风格。此后，贝聿铭又一鼓作气，完成了艾弗森美术馆的设计。

1969年，贝聿铭凭借得梅因艺术中心和艾弗森美术馆项目，获得美国建筑师协会的国家荣誉奖。这是协会第一次同时颁奖给同一个建筑师的两个博物馆类作品。之前对这种建筑类型毫无经验的贝聿铭，创造了美国建筑师协会历史上的新纪录。艾弗森美术馆是贝聿铭后来一系列博物馆项目的开始。艾弗森美术馆建成之后，贝聿铭邀约不断。

贝聿铭的建筑事业实际上也是美国战后经济与社会发展的一个缩影。“战后，新建筑的需求特别广泛，因为几十年来没有建造任何建筑。随着美国向和平时期的经济过渡，贝聿铭独立职业生涯的开端和这次浪潮相一致。他早期的建筑反映了新科技的出现［比如美国国家大气研究中心和麻省理工学院地球科学中心（绿楼）］和文化机构的伟大复兴（比如纽约北部的艾弗森美术馆）。”珍妮特·斯特朗评价。

艾弗森美术馆

从巅峰到低谷

1963年11月22日，美国总统约翰·肯尼迪在达拉斯遇刺身亡，举世震惊。一场高规格的葬礼之后，肯尼迪遗孀杰奎琳就不在公开场合露面，选择以一种沉默的方式纪念亡夫。

自从罗斯福总统开始，修建总统图书馆就成了美国政治的一种传统。对43岁就当选总统的肯尼迪来说，他曾以为未来属于他的日子还很漫长，如果能连任，八年的总统任期之后，他也不过51岁，他希望退休后能在母校哈佛任教。1963年10月，肯尼迪亲赴哈佛大学选定了一块两英亩的场地，计划在这里建成一个档案馆、博物馆、教育中心及他的办公室。没想到，一个月后，他便遇刺身亡。肯尼迪去世一个月后，杰奎琳把肯尼迪生前最亲密的助手们召集到她在乔治敦的住处，商讨图书馆的具体建设计划。经过热烈的讨论，他们一致认为，未来的图书馆“绝不只是与总统有关的信件和公文的贮藏室”，而一定要有教育意义。此外，肯尼迪是一位天性随和、不拘小节的总统，他的纪念馆绝对不应是林肯纪念堂那样把林肯的宏伟雕像摆放在门口俯视众生的风格。此时的美国人民正对肯尼迪一家怀有强烈的情感，消息一传出，捐款也从四面八方涌来。

对于如何选择能够承担这一任务的建筑师，杰奎琳一时不知所措，她找到肯尼迪生前的密友威廉·沃尔顿（William Walton）寻求帮助。身材高大的沃尔顿与肯尼迪是世交，他本人也是一位传奇人物，1944 年盟军在诺曼底登陆前几小时，作为《时代-生活》的战地记者，他与第82空降师一起，跳伞到诺曼底前线，并和他的朋友卡帕、海明威一起对随后的战役进行了报道。战后，沃尔顿成为一位颇有成就的画家，他当时还帮助杰奎琳挑选油画来装饰白宫办公室。沃尔顿不建议杰奎琳对外公开招标，他说："与其让那些不了解肯尼迪的评判员挑选设计师，还不如亲自选择符合肯尼迪口味的建筑设计师。"于是，他们采用了一种全新的方法挑选建筑师。1964年4月，肯尼迪家族邀请18位世界上最著名的建筑设计师来波士顿，每人用不记名投票的形式选出候选者。在入围的六名候选者当中，贝聿铭排在第三位，排在他前面的两位是密斯·凡德罗和路易斯·康（Louis Kahn），他们都是当代建筑界响当当的人物，而彼时贝聿铭的影响力与他们二位显然还不在一个量级上。

杰奎琳决定亲自去拜访三位候选人的工作室，以加深了解。几周之后，考察团队在肯尼迪夫人的带领下驱车前往贝聿铭在麦迪逊大街的工作室参观。当时围观者将轿车挤得只能像蜗牛般移动，一行人借助警察的帮助才穿过同样挤满围观人群的公司门厅。

当时贝聿铭仍租住在齐肯多夫的办公室里，工作室并不豪华。不过，贝聿铭特意将它粉刷一新，并在不大的接待处摆放了一束美丽的鲜花，以接待杰奎琳。杰奎琳立即注意到了这一点。她发出了一声由衷的赞美之后，问贝聿铭："你们常放置这么美的花吗？"贝聿铭老老实实"交代"，那是专门为她买的。"那是一个重要的会面，你知道那时候每个建筑师都想拿下这个项目。"珍妮特·斯特朗说，"杰奎琳举止优雅的风度为世人所熟知。而贝聿铭这一精心布置的举动悄无声息地显示了他的诚心。"

贝聿铭向肯尼迪夫人展示了自己的一些独立作品。当时贝聿铭并没有太多耀眼的作品，没有大音乐厅、博物馆之类的工程，取而代之的是如贫民窟改造、低收入住宅等建筑工程。但是杰奎琳对这些项目显示出了相当大的兴趣，不停地问各种问题。"贝聿铭坦诚地对肯尼迪夫人说自己并不出名，但最好的作品一定就会是肯尼迪图书馆。年轻的贝聿铭所展现出的意念是一种改变世界的决心，正好符合杰奎琳和大众对肯尼迪的认知。”珍妮特·斯特朗评价说。

在此之前，杰奎琳去芝加哥拜访过密斯·凡德罗的工作室。密斯·凡德罗出生在德国亚琛的一个石匠家。他是西方建筑界里极少的没有受过正规建筑教育的建筑家之一。1928 年，密斯提出了著名的“少即是多”（Less is More）的建筑处理原则；1930年，继任包豪斯的校长，两年后，学校被法西斯政权解散；1937年密斯到美国任伊利诺工学院建筑系主任，从此定居美国。20世纪50年代，他在纽约设计的西格拉姆大厦（Seagram Building）由于用料考究、造价昂贵、施工精细，更被一些新型的大公司认定为可用以代言自己的威望与实力的形象。从此，密斯风格（Miesian Style）风靡欧美达20余年，密斯则在第二次世界大战后被奉为现代建筑四位大师之一。

对于这位早已盛名远扬的大建筑师来说，杰奎琳也许不过是又一位客户而已。于是他抽着雪茄，说话不紧不慢，一副淡然处之的神情；另外，此时的他已年近八旬，杰奎琳对这一人选当然持保留态度。在费城，他们又参观了路易斯·康的工作室，这位童年曾被烧伤一半脸的建筑师不修边幅，办公室更是乱糟糟的。相比之下，贝聿铭显得更像一个有风度、优雅、有效率、运筹帷幄的建筑师。一位建筑史学家感慨："贝一走进房间，光芒也随之而来。他精力充沛，信心十足，令人为之倾倒。换了你，会选择谁呢？"

1964年夏天，正与家人在意大利度假的贝聿铭得知自己成为一名黑马。消息一出，贝聿铭一下子登上了各大报纸的头版，一夜之间名扬四海。"那时父亲的名字进了报纸上的字谜游戏里，学校的同学们都知道我是谁了。"贝聿铭的幼子贝礼中笑着回忆。

但是准备好好施展一场的贝聿铭却遇到了意想不到的困扰。先是地址发生变化——剑桥当地社会成员认为图书馆会引来大批游客，影响当地居民的生活，公开反对最初的计划。迫于压力，图书馆不得不重新选址。到了1968年，肯尼迪的弟弟罗伯特·肯尼迪又遇刺，杰奎琳嫁给了船王奥纳西斯，这使得本来就饱受重创的计划更加偏离了航线。雪上加霜的是，肯尼迪总统遇刺后，迅速筹集的2300万美元不断减少，严重的通胀也

1964 年 12 月 13 日，贝聿铭和杰奎琳 · 肯尼迪出席新闻发布会，
宣布肯尼迪图书馆修建基金已达到 1000 万美元
视觉中国 供图

造成了余款的缩水。此后10年，能用在项目建设上的资金已经所剩无几了。社会思潮以及人们的情绪都发生了很大的变化。

1975年，无奈的肯尼迪家族放弃了哈佛大学的场地，把肯尼迪图书馆新址选在了波士顿城外一处偏远的填埋区。虽然对这个地址也不是很满意，但贝聿铭还是迅速召集了他最老练的手下，从设计到施工，只用了短短三年就完成了项目。

1979年，在长达15年的规划与建设后，肯尼迪图书馆终于落成。这是一座倚海矗立、黑白分明的现代化建筑。有人在新闻发布会上调侃了一句说："也许自法老时代以来，还没有哪位建筑师能像贝聿铭这样，和客户持续保持这么长时间的关系。"玩笑背后是一个辛酸的事实——这项持续了15年的工程，其中有10年都用在寻找建筑用地上。在此过程中，贝聿铭和同事一起为每一个方案做了十多个模型，因为每一个方案都有不同的用地。

从某种意义上讲，肯尼迪图书馆项目也成了贝聿铭职业生涯中的最大遗憾，但从另一个角度来说，它使得贝聿铭几乎在一夜之间成为家喻户晓的人物，将贝

1973年5月29日，美国前总统
约翰·肯尼迪的弟弟、妹妹和女儿（右）参观
贝聿铭设计的肯尼迪图书馆模型
视觉中国 供图

1977年6月12日，肯尼迪家族三代人在
马萨诸塞州立大学波士顿校区旁参加肯尼迪图书馆的奠基仪式
视觉中国 供图

聿铭的公司推到了建筑界的顶端。他后来经常说："那是我们公司真正的开始。"贝聿铭后来回忆说，杰奎琳曾经说过这样一句话："你跟我的丈夫有很多相同的地方。"——他与肯尼迪都来自哈佛，又出生于同一年；杰奎琳形容自己的丈夫很开通，没有一点成见，她觉得贝聿铭也没成见，两人之间交流得很顺利，"这有点化学反应的意思"，尽管肯尼迪图书馆的最终结果不尽如人意，但贝聿铭与肯尼迪夫人的情谊并未因此而终结。

肯尼迪图书馆
视觉中国 供图

1992年，贝聿铭还邀请彼时身份已为杰奎琳·奥纳西斯的她来北京参加了香山饭店的揭幕仪式。

肯尼迪图书馆的效应，使贝聿铭成为20世纪60年代末期最受欢迎的年轻建筑师之一，大量高级业务找上门来，贝氏事务所的业务一度四面开花，一位设计师回忆："似乎每星期都有激动人心的事发生，仿佛整个世界都在向我们开放。"

1966年，事务所搬到纽约麦迪逊大街600号的一幢办公楼里，贝聿铭与合作伙伴考伯和弗里德，这三个性格各异的人结成一个团结高效的工作团队。就在一切朝着令人鼓舞的方向继续前进时，公司却遭受了一次近乎致命的打击。1973年1月的一个晚上，经过夜间的一场大风暴，波士顿考帕列广场上正在施工的汉考克大厦的立面遭到了严重的损坏。几十块双层落地玻璃脱落，还有好几百扇窗被飞落的碎片打坏。不得已，大厦所有玻璃脱落的部分都被镶上胶合板，引起建筑界的一片哗然，当地的民众则戏谑地称其为"胶合板大厦"。而汉考克大厦正是贝聿铭事务所设计的。当地媒体幸灾乐祸地将大楼称为"世界上最高的木制楼"，在他们眼里，这个事故正是野心勃勃、超越常规发展的公司的必然下场。其实事后的调查报告显示，问题的症结在于人造玻璃的缺陷。但不管怎么样，贝氏事务所的声誉当时遭到重创。贝聿铭的一位高级助手后来回忆，那段时间，他们坐出租车时甚至不敢提及自己是在为贝聿铭工作，否则就会遭受一顿嘲弄。自此之后，贝聿铭的事务所门可罗雀。贝聿铭晚年在回忆此事时说："汉考克事件给我的事务所造成了不可估量的损失。因为谁也不会雇用一位有失职嫌疑的建筑师。我成了建筑界不受欢迎的人。"

IBM曾于1969年雇用贝聿铭设计该公司的办公大楼，贝聿铭的初稿也得到了IBM高层的认可。汉考克大厦风波之后，IBM不再和贝聿铭联系，而悄悄起用了另一位建筑师。汉考克风波也让贝聿铭与洛克菲勒家族失之交臂。1974 年，洛克菲勒家族从四名候选人当中挑选了贝聿铭，来为其在公园大道上的亚洲协会设计一所艺术馆。艺术馆里将收藏洛克菲勒三世捐赠的价值1000万美元的东方艺术珍品。无论从哪个意义上说，贝聿铭都应该是最合适的人选。但是当贝聿铭提交了自己的设计方案后，却并未得到热烈的回应。其身边人断言，"洛克菲勒家族显然受到了汉考克大厦的影响"。无奈之下，贝聿铭以提交一封辞职信的方式体面地结束了双方的关系。

20世纪70年代后期，整个美国经济开始衰落，建筑业也跟着萧条。而贝聿铭很早就在建筑界里有一个“名声”——如果你要按照预算来完成工作，那么就不能请贝聿铭。在这个大形势下，贝聿铭的日子更加难过。这给贝聿铭的事务所以致命打击，甚至一度到了破产的悬崖边。

汉考克大厦进行了彻底的修整，1976年10月以崭新的面貌矗立在波士顿街头。后来，该事件还引发了汉考克公司、玻璃制造商及贝聿铭事务所之间一系列错综复杂的诉讼，诉讼纠纷一直持续到1981年，经过冗长的谈判后，当事各方都同意接受和解，承诺“永远不再公开谈论大楼有关问题”。而随着时间的推移，波士顿人也开始接受甚至欣赏起汉考克大厦，还有人将之比喻为“波士顿的埃菲尔铁塔”。

“汉考克大厦风波”让贝聿铭经历了他人生中最大的一次危机。150人的事务所陷入困境。但是了解贝聿铭的人都知道，他笑容可掬的面孔是坚强意志的写照。普林斯顿大学建筑学院前院长罗伯特·盖蒂斯说：“贝可以和他的建筑一样咄咄逼人。”

贝聿铭令身边的朋友印象深刻的是，他有一种处变

波士顿考帕列广场上的汉考克大厦

不惊的超人般的冷静。他的合伙人伊森·列奥纳多曾经历过这样一件事：1960年5月的一天，贝聿铭和伊森一起到夏威夷出差。到了之后才知道，这一天，智利发生了大地震，而地震引发的海啸以每小时700千米的速度，横扫了西太平洋岛屿；仅仅14小时，就到达了美国的夏威夷群岛。为了预防不测，他们预订的酒店已经把最下面的三层楼全部搬空。可是这却激起了贝聿铭的好奇心，他告诉伊森："我得看看这玩意儿。"凌晨3点钟，贝聿铭和伊森站在家具已经搬走的空荡荡的酒店大厅里。此时，他们已经得知，几小时前海啸已经登陆大岛的东海岸，造成几人丧生。这个消息还是没有吓倒贝聿铭。他和伊森两人紧紧抓住"粗得张开双臂都无法抱住的水泥柱子"。海啸如约而至，但并没有想象中壮观，这还令两人有点失望。他们后来才知道，巨浪摧毁了夏威夷岛西岸的防波堤，淹没了大片的土地；不到24小时，又到达了太平洋彼岸的日本列岛。太平洋沿岸城市、乡村的一些房屋，以及一些未来得及逃离的人，都被这突如其来的波涛卷入大海。想起这一幕，伊森仍心有余悸："我们很幸运，我们根本不知道自己在和什么东西打交道。"

1970年，贝聿铭夫妇带着小女儿，和朋友索尔古夫妇一起飞到柬埔寨游览吴哥窟。一天早晨，他们醒来时发现旅馆已经人去楼空。原来共产党军队发动突袭，夺取了从旅馆回金边的道路。人们正惊慌失措地忙于撤退。索尔古给法国使馆发电报，后者建议他们向西逃跑。于是贝聿铭一家和朋友丢弃行李，挤到一辆租来的小车里，在热浪和滚滚灰尘中行驶100英里到达泰国边境。索尔古的西方面孔可以提供保护，但对贝聿铭一家人来说就有点危险：一旦他们的护照被没收，他们就会被人误认为是逃亡的柬埔寨人。尽管其他人都忐忑不安，但贝聿铭还有闲情逸致在路旁的水果摊前停下来尝尝榴梿的味道。后来贝聿铭一家安全抵达曼谷机场，他们在卫生间洗完澡以后接着飞往东京。在那里，他们找裁缝重新做了一套衣服。两天以后，他们穿着高雅精致的服装出现在巴黎，除了稍微有点受惊的样子，还是一如既往地从容自若。

这副从容镇静的神情，同样出现在贝聿铭面对自己的职业险情时：肯尼迪夫人初次拜访时摆放鲜花的习惯一直延续下来；事务所里也照样飘荡着咖啡的芳香。他不愿意解雇事务所150名员工中的任何一位。与齐肯多夫共事的经历也让贝聿铭见惯了大风大浪。从他的表情上，大家看不出任何惊惶不安的迹象。

“幸运的是，贝先生找到了海外市场。”黄慧生说。一个解释是，贝聿铭能跻身新加坡的建筑业是因为新加坡的银行家都认识他父亲。到20世纪70年代中期，贝聿铭已在着手建设海外华人金融集团52层高的总部大楼。“来自地球另一端的项目一个接着一个，那个地方使我们在业务处于低谷时得以生存。”黄慧生说。同时，贝聿铭又在科威特、伊朗等中东地区开展业务。从小就在典型的中国大家庭长大的贝聿铭，对这种权威结构毫不陌生，与王公贵族们打交道，也游刃有余。让人惊讶的是，中东的那些权贵们很喜欢同贝聿铭打交道。在最艰难的时刻，海外业务的拓展使贝聿铭事务所得以维持生存。

从名流到大师

将贝聿铭从困局里拯救出来，从而也把他的职业生涯“稳稳地推到了建筑界的大师”上的，是美国国家美术馆东馆（East Building，National Gallery of Art）项目。

保罗·梅隆（Paul Mellon）被称为“美国最富有、最有学识的人物”之一，梅隆家族与卡内基、洛克菲勒家族一样，都是美国最富有的那个小群体。保罗的父亲安德鲁·威廉·梅隆（Andrew Willem Mellon）是一位银行家，曾三次担任财长。安德鲁·梅隆又是一位艺术爱好者，1932年，他斥资665.4万美元从当时的苏联政府手中购买了21幅世界名画。这笔资金相当于苏联1931年向美国出口商品总额的1/3。80岁那年，梅隆在华盛顿捐赠了一座博物馆。尤为值得称道的是，这位谦逊的富豪并没有把自己的名字放进去，而是取名国家美术馆（National Gallery of Art）。这在后来吸引了更多的人将艺术品捐赠于此。20世纪60年代，保罗·梅隆决定筹备扩建国家美术馆。协助他工作的国家美术馆副馆长卡特·布朗来自罗德岛，著名的布朗大学即源于他们家族。在他们物色的建筑师名单里有四人，其中的两位是贝聿铭和路易斯·康——和肯尼迪图书馆项目一样，贝聿铭又一次与路易斯·康成为竞争对手。

路易斯·康不善言辞，言语晦涩，他又会以这样的方式阐述自己独特的建筑哲学：“我问砖头喜欢什么，砖头说‘我喜欢拱门’。”相比之下，贝聿铭显得优雅高效。他的事务所里都是常青藤名校毕业的建筑师，一位同行评价说："康和贝许多地方很相似，但康是局外人，贝是贵族。"

梅隆与布朗乘私人飞机，亲自去视察贝聿铭的工作，艾弗森博物馆、得梅因艺术中心……飞机每到一个地方，贝聿铭的候选人地位就增强一分。特别是在国家大气研究中心，他们完全被说服了。他们视察了研究室，还在周围的平顶山上野餐。布朗回忆说："我们急不可待地想进入那些充满赞美诗氛围的建筑，着手我们的研究。这些建筑有着准确无误的比例感和规模感——富于历史意义却又不失和蔼可亲。保罗·梅隆继承了他父亲的简洁风格。他转过身对我说：'卡特，我很感动。'那时我知道贝就是我们要找的建筑师。"

梅隆与贝聿铭一见如故，不知是否因为两人背景相似——父亲都是银行家，父子之间感情都是若即若离。贝聿铭和梅隆后来也成为终生好友。

1968年，贝聿铭正式接手国家美术馆的扩建项目。他面临的挑战很多，首先，这块地的位置比较特殊：在国会大厦脚下，宾夕法尼亚大道和国家广场交会形成一个梯形场地。附近多是古典风格的重要公共建筑。除了特殊的三角地块外，贝聿铭必须考虑的，还有与西馆的呼应。“可能是因为我中国的一面，我将和谐置于首位，这是一个整体比部分更重要的地方。”怎样处理这个特殊的地块，贝聿铭苦思冥想了很久而不得。就在他很焦虑的时候，在一次从华盛顿乘飞机回纽约的途中，他突然灵光一闪。他用红圆珠笔在一张草图纸上画了一条斜线，连接上了两个点，画出一个大的等腰三角形——这就是后来的美术馆——和一个较小的直角三角形——后来的视觉艺术高级研究中心。贝聿铭这一笔可谓快刀斩乱麻，将复杂的难题简化。而整个设计的主旋律正是图纸上的这些三角形。这条线成为东馆设计的绝妙发端。难怪后来有人形容说，贝聿铭有一种罕见的“把迷宫一般的问题在脑海中重新组织、直奔核心的能力”。贝聿铭对几何图案的坚持，无论在审美上还是在具体的建设上，都是对既有现实的一种挑战。有人曾预言，这将是“人类有史以来最丑陋的建筑”，质疑人群中甚至包括在肯尼迪图书馆项目上对他坚信不疑的威廉·沃尔顿。但贝聿铭对自己的设计非常自信，他把东馆扩建比作还戴着牙箍的少女，要看她美丽的面容必须等到脚手架拆掉之后。

法国总统密特朗因为美国国家美术馆东馆
而喜欢上了贝聿铭的设计
视觉中国 供图

项目施工过半，已远远超出预算（最终造价为9440万美元），消息传出后，外界一片哗然。有人嘲讽贝聿铭的费用过高，说聘请贝聿铭就是“付钱，付钱，付钱”[贝聿铭的英文姓为Pei，与pay（付钱）发音相同]。但关键时刻，保罗·梅隆顶住了压力，他还是按贝聿铭的原计划进行建设。布朗回忆：“我们已经没有退路。贝说，让我们把这一切做好吧，这是千秋万代的事情。于是梅隆说服其家族基金会为项目提供超支的几百万美元。”由于没有以往项目时间上的压力，贝聿铭得以对自己的设计不断斟酌，精益求精。1977年4月26日，贝聿铭60岁生日那天，他的部下送给他一块做成东馆那些混合三角形形状的大蛋糕。从一开始，参与东馆计划的所有人都明白，他们的目标是创造人类历史上最高水准的建筑，不允许有丝毫的折扣。

1978年6月1日，国家美术馆东馆开幕。来剪彩的总统卡特称贝聿铭是“不可多得的杰出建筑师”。贝聿铭设计的精巧之处，在于它与国家美术馆原（西）馆罗马式的建筑发生共鸣，却没有卑躬屈膝地模仿后者。建成后的东馆，在设计上有许多地方若明若暗地隐喻西馆，而手法风格各异，旨趣妙在似与不似之间。另外，贝聿铭与梅隆、美术馆馆长都有一种共识，他们不希望未来的美术馆高高在上，类若神殿般使人望而生畏。而东馆很多空间的设计恰恰回应了这一点，它让美术馆摆脱了以往的幽暗气质，更加亲民和明朗。开业仅两个月就吸引了100万参观者，也证实了这一点。

贝聿铭自己对这个作品也非常满意，他说，国家美术馆项目可以排在自己最重要的建筑设计中的前三位。而这幕后最重要的推手保罗·梅隆更是由衷地自豪。他说："我这一辈子，赞助创作了很多艺术品，但杰出的艺术珍品就这么一件，这就是东馆。它雕塑般的墙体气势恢宏，比例和墙体角度新颖又精准细腻，好似现代建筑当之无愧的主角，矗立在舞台中心。当初是我最后拍板用贝聿铭的，我也永远都会以此为豪。"

梅隆对贝聿铭的无条件支持，也是完成这个伟大建筑的一个重要因素。"当时贝先生设计了一个极其尖锐的角度（19度）。当时石匠们都强烈反对，说这个设计不可操作，这样石头会碎。保罗·梅隆先生就问贝聿铭：'这个锐角很重要吗？'贝先生回答：'是的。'就这样做出了决定。这就是信任。贝先生并没有把这种信任视为理所当然，也没有轻易把他的责任转给客户。"

珍妮特·斯特朗说。

有意思的是，东馆建成后，大家发现，游客最喜欢摸的，就是馆外面的那个尖角。开馆几个月后，它就被摸得脏成一片，贝聿铭请当时尚未撤走的建筑承包商清理干净；可几个月后，他们发现墙角又被摸脏了，不但如此，还形成了很清晰的上下两条线——很显然，上面是大人摸的，下面是孩子摸的。馆方就放弃了清洗计划。这也许从另一个侧面表明人们对这个建筑的亲近感。贝聿铭后来说他也说不出当时为什么不顾反对，坚持这个设计——“可能我也感到石材的尖角很诱人吧。”

现在看来，国家美术馆这个项目仿佛就是注定等待贝聿铭的。这个项目万事俱备：地处黄金地段；客户资金充足且富有眼光；时间充裕，让贝聿铭可以毫无局限地进行他对建筑艺术的尝试。一片赞扬声外，也有一些刺耳之声，有人气恼贝聿铭把国家美术馆变成“最时髦的郊区购物城”“一间奢侈的超级中转候机室”。但贝聿铭本人从来不反驳、不争辩。

值得一提的是，国家美术馆东馆项目，是在“现代主义”已经不那么“时髦”的背景下，赢得来自建筑界和普通大众的赞誉和喜爱的。在国家美术馆东馆从设计到建成的过程中，建筑界又发生了一次激荡。1966年，路易斯·康的一位学生发表了一篇反现代主义宣言，“使建筑业受到了半个世纪以来最猛烈的冲击”。几十年前，贝聿铭一代对古典主义装饰风格持反叛立场；几十年后，这批现代主义信奉者和实践者又站在被质疑、被反叛甚至被颠覆的位置上。贝聿铭很少参加建筑界的各种学术讨论会，他总是与这个圈子保持着若即若离的关系。

关于国家美术馆东馆项目的意义，正如《贝聿铭传》所说，“有人把贝聿铭贬斥为一次已经枯竭的运动的最后痉挛、向高层板状建筑和大规模混凝土大厦的大倒退。东馆是贝聿铭对这一切的强有力的驳斥”。贝聿铭用这座“充满激情的几何结构”为自己赢得1979年美国建筑师协会金质奖章。此时的贝聿铭已牢牢地确立起一代建筑大师的业界地位。

“大卢浮宫”的争议与和解

1981年，密特朗当选法国新一任总统。此时的巴黎正是一个大兴土木的年代。两位前总统，蓬皮杜建了蓬皮杜艺术中心，德斯坦有奥赛博物馆。如果说每位总统在任期内都为自己竖起了纪念碑，那密特朗则为自己竖起了一片纪念碑林。上任总统几天后，他就叫来了刚被任命的文化部部长雅克·朗（Jack Lang），请他尽快列出一个单子，列出所有巴黎市需要建设的宏大规划。这些规划一方面需要具有象征意义，另一方面可以真正回应一种文化和知识上的需求。于是，“大文化都市计划”就此展开，世界博览会、拉维莱特公园、拉德芳斯国际交流中心、音乐城、巴士底歌剧院等一系列文化设施建设项目成立，当然也包括被称为“大卢浮宫”（Grand Louvre）的卢浮宫改造计划。

1982年10月，密特朗任命埃米尔·比亚西尼（Émile Biasini）为卢浮宫改造计划负责人。建筑师人选很快提上了议事日程。比亚西尼通过画家赵无极牵线，联系到了贝聿铭，并于1982年11月在巴黎拉斐尔酒店第一次见到了贝聿铭夫妇。比亚西尼还记得，当他试探性地提出改建卢浮宫项目时，他观察到贝聿铭礼貌微笑之下的惊讶。连比亚西尼都没有料到，其实在他第一次与贝聿铭接触之前，密特朗总统早就有意让贝聿铭成为卢浮宫改造项目的建筑设计师。20世纪70年代，密特朗作为法国社会党总书记访美期间，就因国家美术馆东馆而喜欢上了贝聿铭的设计——那座美术馆使用的小型玻璃金字塔，正是后来卢浮宫玻璃金字塔的原型。

贝聿铭此前在巴黎拉德芳斯设计方案竞标中被冷落，很清楚改建卢浮宫非常困难，因此面对如今密特朗的邀请，他回复道："我年纪大了，不想再为了一个项目去搞竞标，要么直接把项目交给我，要么就让别人去参与竞标而我放弃。"这是贝聿铭职业生涯后来的习惯，他认为如果几位建筑师进行公平竞争，就意味着在评选过程中业主与建筑师应尽量减少接触，但这就不可避免地会导致早期设计和概念设计的脱离，最初的设计也很可能在竞标过程中被改得面目全非。

法国的法律规定，大型项目建设需要向建筑师进行招标，但为了得到贝聿铭，密特朗收紧并集中了权力。由于并不对卢浮宫古建筑进行重建，而是一次翻修工程，因此密特朗授意卢浮宫首席建筑师乔治·迪瓦尔领导整个工程，而贝聿铭在法律层面只是一位副手，以此钻了一个法律上的空当，避开了招标。密特朗给予了他绝对的特权，但贝聿铭深知法国政府行政和办事风格，他需要帮手。此外，卢浮宫整体改造项目，不仅包括卢

贝聿铭在法国拿破仑广场建造的玻璃金字塔。
30多年过去了，现代的玻璃金字塔正在逐渐
融入古老的卢浮宫，并成为其历史的一部分
视觉中国 供图

浮宫玻璃金字塔，还有金字塔下方的地下空间、博物馆各个展馆的入口、地下商业街、与杜勒伊花园的连接、与地铁出站口的连接、为游客服务的各项基础设施。贝聿铭负责卢浮宫金字塔的设计方案，此外，诸多其他项目的设计则需要法方建筑设计师的参与。他请比亚西尼为他推荐一名法国建筑师，要年轻，也要了解法国的行政体系。于是米歇尔·马卡利（Michel Macary）成了贝聿铭的副手。马卡利后来不仅在工程中起到了全盘协调的作用，同时还设计了地下商场和停车场等部分。这位年轻的法国建筑师就此成长了起来，后来他自己的设计作品法兰西大球场（Stade de France）同样成为巴黎的标志之一。

“尽管心情十分激动，但我并没有马上接受这个项目，而是请求密特朗总统给我四个月的时间去仔细探索一下。卢浮宫的历史和法兰西的历史紧密相连。我需要好好地对此进行了解和研究。从12世纪到现在，一个个统治者来来去去，不断拆拆建建，卢浮宫可以说是法国人的纪念碑。”贝聿铭后来回忆道，“我起初以为，向密特朗申请这四个月的时间会遭到拒绝，甚至让他改选他人。因为时间比较急，他确实有不少压力，急于做出一些成就来。”时间对密特朗来说非常紧张，他1981年上台，任期七年，而当时已经是1983年了。于是，1982年到1983年底，贝聿铭多次来到巴黎，对卢浮宫进行了细致研究。他整天泡在卢浮宫和图书馆里，沉浸在法国历史中，只带着一名向导，在卢浮宫的各个展厅和走廊里低调地考察。当时的卢浮宫馆长米歇尔·拉克洛特（Michel Laclotte）的办公室朝向骑兵凯旋门花园，好几次，他看到贝聿铭“独自一人在那里散步、观察、丈量”。

“对于法国人来说，卢浮宫不仅仅是拥有绝品收藏的博物馆，更是他们历史甚至日常生活的核心。凯瑟琳·德·梅第奇、亨利二世、亨利四世、路易十六都是法国人耳熟能详的名字，可是我对他们并不熟悉。”贝聿铭决定放下建筑师的身份，以一名景观设计师的角度来观察。他在寻找古老皇宫与大型博物馆的一种融合方式。那段日子，贝聿铭除了在市内，也去巴黎郊区的沃－勒－维贡特府邸花园和凡尔赛宫后花园溜达，他喜欢安德烈·勒诺特尔（André Le Nôtre）的花园设计。他认为勒诺特尔的作品有着某种“现代性”，后者对空间和几何图形的把握，跳出了当时巴洛克时期的复杂，表达了一种超越一般园林设计的共通性。后来贝聿铭在1989年《大卢浮宫》一书的序言中写道："给我最大启发的莫过于勒诺特尔。金字塔的律动来自整个建筑的几何性，而这种几何性正是根植于法国文化的。"

实地研究一直在持续，但玻璃金字塔的设计思路一直埋藏于贝聿铭脑子里，并没有向任何人透露。甚至到了1983年6月，考察完毕的贝聿铭在爱丽舍宫向密特朗介绍设计初稿时，也只是强调"光线"的重要性，以及必须有"一个透明的玻璃覆盖物"，只字未提金字塔。《费加罗报》那年7月6日的文章，也只是说会有一个巨大的地下层，用来接待公众，还有一个扶梯通向这个地下层，其余一概不知。即便如此，听过初稿介绍的密特朗给出的结论是："必须马上签合同，必须造成既定事实，让大家没有办法找理由后退。"他很清楚，他们必须以最快的速度行动，否则人们就会质疑整个新卢浮宫项目。当年11月，见到金字塔设计计划的密特朗将其视为自己必须亲手抓的项目，并宣布："1986年必须完成玻璃金字塔的第一期工程。"

"在权力的运用中，这样的不可回头性是非常重要的，有太多的规划被推迟、减缩或放弃。"当时的文化部部长雅克·朗回忆道，“我当过两任文化部部长，我充分了解时间的重要性，在开始的时候，必须快速行动。”快速行动的第一步，就是将建筑方案提请历史古迹最高委员会通过。

在卢浮宫金字塔各个版本的故事里，1984年1月23日举行的历史古迹最高委员会（Commission Supérieure des Monuments Historiques）会议，永远是故事的最高潮。

在这场会议中，贝聿铭亲自介绍了他的建筑方案和模型。他面对的是一大批保管员出身的专家和他们所代表的保守意见。贝聿铭的报告是他和团队几个月来准备的论据。金字塔将“只是一个巨大的地下层的表面露出部分，这个地下层的设立是根据卢浮宫博物馆的根本需要以及不动原建筑的原则而定的”。金字塔是整个建筑最终的、可看见的部分。“整个建筑是一个被‘埋在地下’的建筑，金字塔就像是它的穹顶。这个地下建筑的建造遵从一种不可反驳的内在逻辑：将卢浮宫两边的楼连成一个高密度的整体，为它提供以前严重缺少的接待、技术管理和学术研究的空间。假如这一严重匮乏的现象不得到解决，卢浮宫渐渐就会沦为一个1908年前的墓穴。”所以，仅仅收回财政部占用的黎塞留馆空间将无法解决博物馆的“深层需求”，包括仓库、资料中心、餐馆、接待室。必须有新的空间。也就是说往下挖，给这个有两个大庭院的长方形建筑群体一个重心，将其转变为一个高密度的整体，建筑物相互之间有着交叉的联系。按贝聿铭的说法，卢浮宫需要一颗“心脏”。而且，“这颗心脏需要光。金字塔最重要的不是它特殊的形态，而是将光线带入了地下的两层空间。同时，作为主入口，游人可以通过它进入卢浮宫周围的三个馆”。在此，修复中世纪的古城堡和圆楼，以及建一座玻璃金字塔，是“同一种逻辑的两个极。它们相互补充。回忆它的根，是为了在未来走得更远”。

揣着这样一份完整的报告，1984 年1 月23 日，贝聿铭走进了历史古迹最高委员会安排的会议室。

整个会议十分吵闹，氛围充满了敌意。乔治·布瓦松（Georges Poisson）在其所著的《卢浮宫大纪实》（*La grande histoire du Louvre*）中重现了当时的场景。介绍会全场关灯，67 岁的贝聿铭用播放幻灯片的方式一张一张地介绍他的设计方案。黑暗中，委员会成员们不满的声音越来越大，当幻灯片播放完，全场重新亮灯之后，会场炸开了锅。委员们疯狂地批评着贝聿铭的设

贝聿铭在卢浮宫金字塔模型前

计，不懂法语的贝聿铭并不知道对方说了什么，但他身旁的女翻译却已经含着泪水哽咽着没有再翻译下去。“我们这里可不是大马士革！”“你为什么要到巴黎来毁掉我们的建筑遗产？”“不可理喻！”委员们把贝聿铭的设计比作“一个巨大的破玩意儿”。而当贝聿铭告诉委员会金字塔看上去就好像是一颗闪亮的钻石一般光芒四射，委员会回答：“不，贝先生。它看上去一定很丑，或者像很便宜的假钻石。”

贝聿铭后来回忆道：“那是一次可怕的会议。好在我懂的法语有限。当时如果我听懂了他们讲些什么，我一定会离开的……他们并不要求我解释方案，而是一个一个地攻击我，而且都是一些名人，是建筑学院、美术学院里最有名、最受人尊敬的人……为我翻译的那位女士很想为我抵挡那些充满羞辱的抨击，委员会当时就想把这个工程置于死地，他们差点就成功了。”

再回到1月23日那天，委员会成员们的讨论和批评还在继续，没有停止，时间就这样一点点过去了。到了下午1点多，委员会成员们一个个起身离开房间，去吃午饭。他们相互交头接耳：“我们该怎么投票？”到了此时，雅克·朗主管遗产的助理让·皮埃尔·魏斯（Jean Pierre Weiss）才突然意识到，委员会的章程中没有规定必须对所有项目计划进行投票。“我觉得在座的各位对这个设计方案都发表了长时间的意见，大家也都非常诚实地研究了这份报告。”魏斯此时要了一个小聪明，对委员会成员们表示，需要对贝聿铭介绍的金字塔方案投票，也另外需要对卢浮宫改造的整体方案投票。

最终，在雅克·朗向密特朗递交的报告中，评审结果被整理为：委员会一共49名成员，18人无条件赞成，13人坚决反对，大约17人对整体方案同意，只是对金字塔的建造持保留意见。雅克·朗还在报告中安慰密特朗说："这是一个我们得到的最好结果。因为这个委员会在原则上是反对一切新建筑的，要知道，他们驳回了以往各届政府的所有建筑方案。"

艰难赢得法国历史古迹最高委员会的许可仅仅是第一步。接下来的几年，法国主流媒体开始连篇累牍地攻击贝聿铭的方案。与此同时，卢浮宫方面进行了回击。《世界报》在1985年2月出版了一份关于新卢浮宫的专刊，其中难得地见到贝聿铭言辞犀利地捍卫自己的设计理念：

人们将此事变成了一个政治事件，说了许多并不确切的事情。这样做不太光明正大。坦率地说，我愿意与任何一个提出其他解决办法的人去比较，但没有人提出来……在美国的话，我会参与辩论，我会回应。但在法国，我不能，因为我是一个被邀请的外国人。但很可能在美国不会有这样一场辩论。我来自中国，一个具有几千年传统文化的国家。它有令人自豪的过去，但那是过去。法国人非常眷恋过去。我经常遇到一些人跟我讲起路易十四，仿佛他们昨天才刚刚见过……假如说我仅仅是个美国人，也许我很难适应。但由于我属于两种对立的文化，两个极，而法国又在中间，我可以理解。

这个漫长的辩论过程，使得玻璃金字塔不再仅仅是巴黎人茶余饭后的话题，而成为一场全国性的讨论。当然，这种争议在法国由来已久，从埃菲尔铁塔到蓬皮杜艺术中心，法国公众舆论始终以尖锐而出名。时任卢浮宫馆长的米歇尔·拉克洛特很豁达，他认为无论争议多么激烈，都是健康的——“即便法国人民常常对情况不够了解，甚至带有恶意，但舆论对此的关注，证明法国人民对文化感兴趣。”

雅克·希拉克（Jacques Chirac）成为熄灭争论的重要人物，他既是当时的反对党领袖，又是巴黎市市长，所以直接与卢浮宫改造项目有关。贝聿铭在埃米尔·比亚西尼的陪同下到巴黎市政厅向希拉克介绍了整个方案。“从城市规划角度来看，这一重建方案达到了完美。”听完之后，希拉克并没有明确表态，“无疑，这是一个有意思的解决方案，值得人们认真研究。”希拉克

贝聿铭在1：1金字塔模型前

希望得到更多信息。为了验证可行性，他提出，希望能够在卢浮宫广场上放置一个与实体同等比例的模型，采用光缆搭建，而非比亚西尼最早提出的激光。

1985年5月1日，一台高达70米的巨大起重机，将一个同等比例的金字塔光缆结构模型从上空吊下，放置在了卢浮宫的拿破仑庭院中。希拉克来了，而贝聿铭因航班误点没能准时到达模型架设现场。现场所有人都在讨论："这样怎么能行？""这样看着还不错。"希拉克没有说一句话，围着工地绕了一圈，然后对等候多时的

G5
G5
G2
dumez

1986 年 10 月 31 日，卢浮宫玻璃金字塔施工现场
视觉中国 供图

记者们表示，此时他才意识到它的比例很完美。从那一刻起，反对之声逐渐减少。贝聿铭后来总结道："金字塔这一仗持续了约18个月，希拉克对实体模型的接受是关键中的关键，是一个转折点。"

论战结束了，设计方案通过了，而接下来的实际施工则是另一场战争。

玻璃金字塔的建造有着极大的难度。贝聿铭要求玻璃必须是安全系数极高的、完全平面的、完全透明的，以便从金字塔内部仰望卢浮宫外部建筑的时候，没有任何变形，也不会因为玻璃而变色。他尊重法国的手工业传统，将制造工作交给了圣戈班公司（Saint-Gobain）。这是一家历史悠久的法国企业，最早的作坊在路易十四时期就出现了。但所有专家都知道，完全透明、无色的玻璃是不存在的。贝聿铭也知道这一点，但他不愿意放弃这一想法。"两块玻璃板的叠加尚且是绿色的，金字塔是一个四面体，四块玻璃板叠加时，颜色就变成了像啤酒瓶一样的暗绿色。如果用这种玻璃，和原建筑的蜜褐色不搭配，整个卢浮宫就会变得面目全非，这样肯定不行。那样一来，我也就会在法国背上千古骂名了。"贝聿铭后来说道。

他是一个固执的人。在圣戈班公司开了一次会之后，法国工程师们以为已经说服了贝聿铭，告诉他那个计划是完全的理想化，不可能实现。但是几天之后，贝聿铭手里拿了一块玻璃，向法国工程师们展示。它是完全透明的，由德国人制造，用于喷气式飞机，但只在很小面积使用时才拥有极高的耐用性。贝聿铭礼貌地请圣戈班公司的工程师们研究一下这块玻璃是怎么回事。就这样，他与工程师们的关系一度变得非常紧张。贝聿铭很聪明，此时的他，经历过历史古迹最高委员会的汇报会和与媒体的大论战，已经掌握了游刃有余地面对法国人的办法。最后的解决方式是，他跑去找密特朗告状——

贝聿铭："有没有白色玻璃？"

密特朗："什么白色玻璃？透明玻璃吗？有啊，为什么不用呢？"

贝聿铭："圣戈班不肯做。"

圣戈班的总裁马上插嘴道："如果你们要造1000个这样的金字塔，我们给做，但你们就造一个，没门儿。"

密特朗只说了一个字："做！"

从内部空间仰望玻璃金字塔

视觉中国 供图

玻璃金字塔内部的旋转楼梯
给空间带来了变化与动感

视觉中国 供图

事情就解决了。

为了制造出令贝聿铭满意的玻璃，圣戈班公司重新启用了一个古老的作坊，并采用了一种古老的制造手法。1985年5月，这家公司的领导自豪地向媒体宣布，他们的技术人员“找到了一种办法，可以改变玻璃的色彩，去掉一切铁含量，从而获得了一种理想的透明度”。最终圣戈班公司做出了一种几乎完全无色的玻璃，而且可以大面积使用，十分牢固。

金字塔的石板地面和混凝土天花板也同样讲究，贝聿铭要求使用与他在美国国家美术馆东馆使用的一模一样的特殊混凝土。他在这些细节上花费了很多心血，“就好比是在凡尔赛宫铺木地板”。就像对圣戈班公司的态度和方法一样，贝聿铭如法炮制，没有人敢不服从总统的意志，也很少有企业在卢浮宫工程中挣到钱。“如今看来，贝聿铭对建设的高要求，尤其是他对建设玻璃金字塔的玻璃材料的高要求，不仅直接地为法国建筑领域的诸多工作者提供了工作机会，也间接地拉高了当时法国建筑领域的整体技术水平，这种影响作用了几代法国建筑工作者。”卢浮宫博物馆代表弗朗索瓦丝·马尔杜斯（Françoise Mardrus）评价道。

金字塔地面工程大体结束之后，工地上组织了一次烤全羊晚宴，邀请了所有参与项目的工人，一晚上吃了30多只羊。当晚酒足饭饱，下意识地，人们感到自己正在创造一段历史。轻松的气氛中，大家甚至开了个玩笑，将羊骨头原地掩埋，埋在了混凝土的地面之下，并期待着引发未来的考古学家们的猜测：难道20世纪末的巴黎，还举行了一场祭祀仪式？

1989年3月29日，在雅克·朗和比亚西尼的陪同下，进入第二任期的密特朗为金字塔和其正下方的拿破仑大厅剪彩。三人站成一排，走进玻璃金字塔，顺着旋转楼梯缓缓走下，神采奕奕。人们为贝聿铭鼓掌，全世界的媒体都为他的作品叫好。第二天，公众蜂拥而至，以前的争议和羞辱被人遗忘了。

随后的故事就顺利了很多。同年财政部彻底搬走，黎塞留馆的整改工程正式开始。贝聿铭将不同的设计工作分给不同的合作伙伴，并充满创意地将大量雕塑作品放进了原来财政部的几个主要庭院内，为庭院加盖了玻璃棚。就这样，1993年11月，黎塞留馆和卡鲁塞尔地下商业街改建完成，卢浮宫改造工程彻底完工。一所曾经的皇宫，完完整整地变成了一座博物馆。除了卢浮宫博物馆外，还有卢浮宫学院、装饰艺术博物馆、公共教育部门，以及供人们休息的花园等，卢浮宫成为市中心的一个综合性教育公共空间。

卢浮宫的改造计划不仅是对博物馆的改造，也是对城市建设的改造。贝聿铭特别清楚这一点，并很好地融入了这一语境。他不仅保留了卢浮宫的历史遗址，还突出了卢浮宫地处市中心的交通枢纽功能。巴黎城市的历史核心便是塞纳河畔，地处塞纳河右岸的卢浮宫改造，也符合既现代又尊重文化遗产的巴黎城市建设精神。“建筑这门艺术是需要时间的，会唤醒各种各样的想象力，带有一种比较神秘的独特性，很难提前预知，而它是否受欢迎，在很大程度上就取决于这种神秘的独特性：也就是说，它究竟会以何种方式融入到它所处的环境之中。”雅克·朗说道。

卢浮宫改造是贝聿铭职业生涯的一个转折点。1988年玻璃金字塔项目即将完成的时候，他正忙于离开PCF建筑事务所（Pei Cobb Freed & Partners），并开办了自己的“贝聿铭建筑事务所”（Pei Partnership Architect）。那个阶段，他接下来的几乎所有项目都被视为一次“发现之旅”。“我在卢浮宫学到了我以为永远学不到的东西。”

1989年3月29日，贝聿铭（左三）与法国总统密特朗（右一）等要员一同参加玻璃金字塔建成开门仪式
视觉中国 供图

贝聿铭后来说。而后，他以法国为起点，开启了他的文化之旅。“其实，从1990年开始，我就对造型没有任何兴趣了。创造另类精彩的建筑造型不再是我所寻求的挑战了。最近我对于不同文明产生了兴趣。由于我的背景，我对中国文化和美国历史略知一二，除此之外知之甚少。虽然我走遍世界，但长久以来我对于这些地方其实了解并不多。”他后来去了日本、故乡中国，甚至波斯湾沿岸，他从各个国家中提取该国的历史精髓，用

于他的作品之中。无论如何，当年经历了争议、坚持、泪水、信任、权力、和解的玻璃金字塔，早已融入了巴黎。

在贝聿铭的职业生涯中，卢浮宫是一个重要的转折点。贝聿铭此前积累的所有经验都在这个项目上厚积薄发：从齐肯多夫那里学到的城市规划、在肯尼迪图书馆上经历的政治斗争、在国家美术馆东馆上经历的备受质疑，以及在香山饭店项目中对文化遗产做出的探索……在卢浮宫项目中，贝聿铭找到了可以平衡历史和现代的最佳解决方案。《贝聿铭全集》的编者之一、建筑评论家菲利普·朱迪狄欧（Philip Jodidio）说："在卢浮宫项目上，贝聿铭向我们证明了，古老和现代之间并没有不可逾越的鸿沟，现代建筑可以融入极具历史感的环境，并带来新的亮点。""贝聿铭用自己的才华，替卢浮宫疗伤，将它从几个世纪的记忆中带进了我们的时代。"除了展示作为一名天才建筑师的才华，在卢浮宫项目上，贝聿铭最为身边的工作人员所钦佩的，还有他超强的心理。为卢浮宫设计的金字塔引起诸多争议，他是如何应对各方压力的？身边一位工作人员形容，"他有着钛合金的脊梁骨"，这也反映了他强大的自信，他相信自己能够解决任何事情，他从不半途而废。

蓬勃的事务所

在珍妮特·斯特朗看来，贝聿铭建造了20世纪末21世纪初最重要的一些建筑，但他最大的成就还是他创建的公司。“半个世纪以来，在设计、规划和技术方面他建立了丰富的内部专业知识。他总是非常慷慨地邀请年轻建筑师，允许他们从头到尾参与整个建筑进程。这在其他很多建筑事务所并不常见。很多人在贝氏建筑事务所一待就是几十年。这些经验丰富的建筑师能够去别的地方，可能能拿到更高的薪水，但是离开了这里，他们绝不会有机会在一个如此具有创造力、拥有全世界如此多重要项目的环境中工作。”

珍妮特·斯特朗说，在建筑业，有些规模不大的事务所会接手一些小项目，然后让个人发挥创造力；一些大的建筑事务所，则更偏向商业运作模式，有能力接手一些大的建筑项目。“贝氏事务所则兼具两种公司的特点，它把小工作室的艺术创造力和复杂建筑项目所需要的专业知识、合作能力结合了起来。”“一走进贝的办公室，就听到了悠扬的古典音乐，也就开始感觉到了创造性的气氛。其他建筑师往往习惯于在一种更严谨、更直接的氛围中工作，而这里的总体画风是完全不一样的。”这样的气氛也吸引着更多有抱负的建筑师加入进来。虽然贝聿铭不喜欢大家称他为“老板”，但在大家心里，他的确是一位好老板。

黄慧生是贝聿铭独立出来后招的第一个员工。黄慧生1928年出生于密西西比的玫瑰谷，是只会说英语的第二代移民。“当时贝先生毕业于哈佛，考伯也来自哈佛，其他人大多来自MIT、哥大、普林斯顿，只有我和哥哥来自佐治亚理工。”提起这一点，黄先生很自豪。不过他断然否认是自己的华人身份使他成为事务所的一员，恰恰相反，“贝先生希望打造一个国际化的事务所，他并不希望外人把它看成是一个亚洲人的公司”。

“贝先生是个十分有魅力的人，他有一个招牌式的笑容，无论是和国家元首、大公司总裁、团队的建筑师还是合作者交谈，他都魅力非凡，让每个人都觉得自己特别，好像他们是房间里唯一的人；贝聿铭是一个卓越的沟通者。他对人际关系有一种非常敏锐的感受力。从很早开始，贝先生就坚持，要选择客户而不是项目。事实上，他的确也拒绝了一些项目。基于相互尊重和信任的私人关系，总是非常重要。”在贝氏事务所工作了18年的珍妮特·斯特朗感受颇深。

“建筑是一项非常实际的事业，你必须要有预算、有交工期；贝先生也是一位非常实际的人。特别是许多大项目，你不能浪费时间，你必须同时满足计划期限和预算。”黄慧生说，因为事务所业务的不断增加，贝聿铭通常会将这些项目分到下面来做。当项目进行到关键时刻，他会听取意见。“他很忙，不可能从头到尾盯一个项目，但是他有一种迅速抓住问题本质的能力，快刀斩乱麻，解决问题。贝先生的特别之处是，他在MIT学过工程，所以他懂得工程师的语言。他可以同结构工程师交流，影响他们、挑战他们。如果你不懂工程，就会被他们所压制。”黄慧生承认，“贝先生无疑是一位天才，是很有能力的人。跟他一起工作非常有挑战性，你不能仅仅说‘我喜欢’或‘我不喜欢’，你需要为自己的观点辩护。比如，你可以说你不喜欢他在卢浮宫设计的金字塔，他会说：‘好，那你会怎么做？’”

在贝聿铭身边工作了近40年的黄慧生，对贝聿铭有着更深入的观察："诚实地讲，他喜欢同有最终决定权的人打交道。他有时与下属在一起工作，并没有那么耐心。他知道他们不是最终做决定的人，这是浪费时间。创造一个平地而起的项目，并不容易，所以他急于同能深刻理解问题的人交流——'告诉我，你的公司是什么样子的？告诉我，谁负责？'贝先生有一句名言：我想同顶尖的人对话。贝先生对某个领域做得好的人非常欣赏，这个顶尖的人可以是马友友，也可以是医生、理发师、鞋匠、家庭主妇……不管你在哪个领域，只要你做得好，他就非常欣赏你；如果你是'马友友'，也会赢得他的欣赏。

"贝先生很少批评人，你知道，中国文化里有很多诅咒的话，但他从来不会说这些话。这是他的教养。一位资深的业内人士向他汇报一件事，等到那个人离开，他不说这很糟糕或什么，他说：毫无价值。这是我听到的最严厉的话。诚实、单纯、低调，这是他的处世哲学。他对我像导师一样。我觉得能与贝先生工作很幸运。上世纪八九十年代，他是世界级的建筑师，贝氏事务所也是世界顶尖的建筑事务所，在亚洲和欧洲都做了很多项目。很少有人像他那样，改变了一个城市的天际线，但他做到了。”

因两人出身阶层迥异而造成的那种微妙的距离感，也许只有华人出身的黄慧生能敏感地体会到：“我们很少有私人的谈话，即使是在外面出差的时间。贝先生有自己的朋友圈。用西方的话说，他属于‘蓝血’阶层——就是出身于富贵家庭，与我的阶层不一样。我们两个人可以做一个很好的对比：他出生在中国一个富裕家庭，而我生在密西西比一个贫穷的华人移民家庭。所以我能感觉到我们之间的距离。他的朋友圈全是艺术家、收藏家……他们了解艺术，知道关于艺术的一切。

“你问我与他亲近否？不。我过了很久才感觉与贝先生工作自在些。我是亚洲人，虽然我在中国待的时间并不长，但我也受东方文化的影响，比如说尊重长者和权威，不管是家庭里的，还是工作上的。虽然现在这些传统也在慢慢丧失，但还是有。我到了贝聿铭事务所之后，我知道他是我的老板，所以我对他也表现出了那种东方式的尊重，贝先生也能感受到我的态度。这与周围的美国同事不太一样。他们即使知道那是他们的老板，他们也不会像亚洲人那样。”

在黄慧生眼里，贝先生是一个注重隐私的人：“他很少谈及家庭和孩子。不像西方同事，一起喝酒，谈棒球，谈孩子……”黄慧生在很多场合也遇到过贝聿铭的夫人陆书华，“她举止端庄，无论什么时候看见她，她的背总是挺得笔直。我太太以前开玩笑说，她永远挺不了那么直”。

随着贝聿铭在美国建筑界的名气越来越大，他的东方背景和家族故事在更广的范围内被传播和熟知。而他与建筑界、文化界、商业界乃至政治界主流话语圈或近或远、或亲或疏的关系，也使得他的身上笼罩了几分神秘色彩。有人形容他“对权力的各种微妙关系的敏感程度，可与声呐相媲美”。贝聿铭性格中哪些特质是东方的，哪些又是西方的，这也成了很多对他感兴趣的人闲谈的话题之一。“他们并不会把他看成一位亚洲人，而是一位有天分的、敏感的、最顶尖的设计师。但某些时候，他的东方背景也会有影响。当初香港汇丰银行选择建筑师时，也邀请过贝聿铭，但他拒绝了。他知道，当时香港作为英国殖民地，对方倾向的很可能是英国人而不会选一个华人。后来证明果然是。所以种族的确是有影响的。但是澳大利亚在选择首都时，他也被邀请担任评审员，而他做出的评判对于最终的决定起到了很大的作用。”黄慧生说。

1974年，贝聿铭在时隔近40年后重返大陆；1978年，又被邀请回国，那时刚改革开放不久，中国政府想发展旅游业挣外汇，希望请他设计新的酒店。黄慧生是先头部队，提前两三天到了北京。“我们否决了好几处选址，因为在那些地方建酒店，会伤害原有的人文景观。有一天，当我行走在景山公园北边时，我意识到尽管在地面上看，故宫周围的城墙非常令人震撼，但如果从高处看下去，紫禁城的气势就消失了。任何高于北京饭店的建筑，都会使人们居高临下地看着故宫，如果这样，中国一个重要的旅游景点就会被毁掉。于是我在一张纸上画了示意图，让大家站在故宫北门延展的中轴线上，并建议，不要在附近建高层建筑。两三天后我们交换笔记时，贝先生看到了这个想法。而这个条件所限制的视野角度，就是北京现在在故宫附近实行的政策。现在这条线被称为‘Pei-Cobb-Freed 线’，或者‘Pei 线’，因为我为这家公司工作，所以这么叫也是准确的。”黄慧生说。

黄慧生参与了贝聿铭事务所绝大部分的亚洲工程。“香山饭店花园中的布景，是由我挑选，在云南取石；

而香港中银大厦庭院中的奇石，由于资金上的问题，换了一处采石场。我们试图保存它们自然的原貌，让它们成为雕塑一样的艺术品。”

黄老先生津津乐道的，是香山饭店的故事。“当时北京非常缺树——从首都机场一路到北京饭店，沿路的树木非常稀少。但香山公园里有很多松树，长得很特别。所以一开始设计时，我们的选址就要留下那些珍贵的树。其中有一棵小松树，非常稀有，我称它为‘第一树’（No.1）。在设计图纸时，我将它作为一个标志物。40 个当地工作人员跟着我，看我在做什么——他们即使来自北京，但对树不了解。有的他们说是树，我说不是树，其实是草。我告诉他们，这棵树应该留下来，而那棵树应该砍掉，等等。我在图纸上，把所有松树的位置都标了出来。

“那段时间我在新加坡工作，本想回美参加女儿的毕业典礼。可是有一天，突然接到贝先生的电报，要我必须到北京来一下，说实地建筑出了些问题。我只好加急返回。到北京一下飞机，我就去现场查看。当时现场的施工，都是用像足球场上那样的粉线标记位置的。他们画完后发现，饭店的轮廓正好把标出的100多棵树压住了。大家也不知道是怎么回事，就向贝先生报告。我到现场一量，发现是工程师给算错了，差了好几英尺。这不是设计的问题，而是当时工程师的问题。但是我不想让他难堪。于是我找了个妥协的办法，和他说‘咱们俩明天一起工作吧’，我们找了一个办公室，一对一地解决了这个问题。而他们最后称我为‘树的救命恩人’（savior of trees）。”有意思的是，那时有个士兵在现场守卫，他看到黄慧生凌晨3点就出来工作，觉得颇为可疑，当时还向上面做了报告。

“许多重大而复杂的项目找到贝先生，部分是因为他处理人际关系的策略和他的能力能够克服那些最困难的障碍。他从来不会在没有事先做大量研究之前进入一个项目，只有这样他才能理解问题所在，才能够从文化、历史、政治、社会方面去评估它们。”珍妮特·斯特朗说。

5

第五章

游弋于不同文明之间

1990年，73岁的贝聿铭从事务所退休，此后，他在欧洲、亚洲和中东等地接下了一系列小项目，这些项目全由贝聿铭亲力亲为。他只接手自己感兴趣的项目，追求一条商业信息没有那么浓郁的艺术道路——“从1990年起，我不那么在乎建筑物的造型了。设计一个独特的建筑造型对我不再是件难事。去了解认识我所做的才是很大的挑战，我开始研究各种文明。”这些晚年作品分布世界各地，包括卢森堡、德国、英国、日本、中国和卡塔尔。建筑评论家卡特·怀斯曼说：“贝聿铭是一位以工程学为根基的现代主义建筑师，与此同时，他更牢牢地抓住艺术和文化的灵魂。”

美秀美术馆：构筑世外桃源

那是1988年，我已经决定不再接大项目了，只是有选择地接一些小项目。而这一系列小项目中的第一个，就是神田美苑的钟楼。东洋纺织株式会社的继承人小山美秀子夫人，也就是神慈秀明会的领袖，当时十分活跃。多年来，她收藏了众多的中日艺术品，因此想建一座小型美术馆来展示这些东方艺术珍品。我对于这个构想也很感兴趣。

当时贝聿铭刚从PCF建筑事务所退休，开始把眼光投向海外一些较小的项目。而小山美秀子夫人的提议正好符合他的期待。

第一个选址，在神田美苑附近两条小溪的合流处，要从上方山地进入，因此被贝聿铭拒绝了。小山美秀子提出换个地方，在看地形后，贝聿铭非常喜欢，但这里的地形造成交通不便。贝聿铭突发奇想，提出要挖一条隧道，建一座吊桥。“当我发现挖隧道这个主意确实可行时，我对这个项目的兴趣就更浓厚了。”贝聿铭说，“这样我就可以做出设想中最后那个出人意料的入口了。”

“出人意料的入口”，就是《桃花源记》中提及的那段：“……便得一山，山有小口，仿佛若有光。便舍船，从口入。初极狭，才通人。复行数十步，豁然开朗。”小山美秀子是位对中国文化非常精通的人士，贝聿铭在与她交谈的过程中发现彼此找到了中国文化的共同语言。据贝聿铭说：“小山夫人是个十分博学的人，对中国古典文学尤其着迷，早已熟读中国典籍。我们可以通过汉字进行书面交流。因此，（在描绘我的设想时）我向她提到了《桃花源记》，这一点让她一直记忆犹新。当时她马上就接受了我的方案。确定下来的选址虽然和中国的规模不同，意境却让我想起了典型的中国风景，有山，有溪谷，其中雾气萦绕。由于建筑的体量偏西，而入口在东边，因此一开始看不到馆身。我们二人都对这样的构想欣喜万分，而这就是美秀美术馆（Miho Museum）的缘起。”

美术馆后来决定在美丽山谷的脊梁上建，对贝聿铭这样一位对自然极为敏感的人来说，这实在是一个非常棘手的案子。“幸好自然公园法的限制帮了我们的忙。他们只允许我们对外暴露部分建筑，并限制了高度。这些限制其实帮了我们，由于必须在环境的限制条件下做设计，我们的设计因此与周围的环境更加谐调。”在兴建之前，贝聿铭曾七次上山实地考察，最终和投资方达成共识，并于1996年8月开始建设。

参观者要进入美术馆，必须通过一个狭窄的山谷。贝聿铭是这样解释的：

这个处所就好比是大自然环境的处女岛，所在之处又高居山脊，三面沿着陡峭的山坡伸向道路，在不破坏自然（环境）的情况下是很难到达这里的。幸运的是我们的业主正好在东面的山坡上拥有一块地，原是作停车用的，我当时想，为什么不从山坡的另一边开个山洞，在山谷中造一座桥，由桥将游人引入博物馆，从而避免沿山路进入势必影响自然的做法？

这让我想起了中国4世纪的著名诗人陶渊明。他的作品写道，一位渔民划着木船，像往常一般地沿江而下，可是这一次，不知是什么原因，他却看到了不同的景象。他见到了一丛桃树，其间桃花点点，白色的花瓣飘荡地上，“我可不记得见过这个”，于是他弃船进入了桃树丛中。当他走近溪流时，看见了一个山洞，进了山洞是一条窄窄的通道，步行许久后，通道豁然开朗，眼前呈现的是一片身着异装、说不同语言的居民四处耕作的美丽田园。之后他了解到这些人是几百年前为逃避战乱而隐居到此的族人。

这个故事为我设计山洞和过桥带来了灵感，恰巧小山夫人和小姐都曾读过陶渊明的这篇佳作，并喜爱这种处理方法给美术馆带来的独立感。沟通这一想法帮助我们克服了日后的种种困难，首先我们必须从一位苛刻的卖主手中买来山洞必经的山坡。随后我们还得说服对于山林拥有管辖权的县政府和中央政府，允许我们建一座桥。如果不是业主方面坚持到底，我们可能至今仍在寻找进入美术馆的办法。

当时团队里的建筑师蒂姆·卡尔伯特（Tim Culbert）解释说，具体的设计正是源自那次和小山夫人关于“桃花源”的对话。对此，他有一个相当全面的阐述：

我们特意把入口通道拉长，让馆身时隐时现，有种“犹抱琵琶半遮面”的效果。步道的安排也精心设计，强调了整个时间上的体验，正好呼应了日本文化中关注的“间”，也就是空间的历时体验。美术馆的入口只有一条路，访客从京都乘大巴或自驾车先来到接待馆，这里四面雪松围绕，离美术馆还有一段距离。由于山体坡度遮挡，在这里看不到馆身。从接待馆，游客可乘电瓶车或步行穿过山中的一条隧道，隧道另一头连接一条120米长、横跨深谷的吊桥。当游客进入隧道，就能远远地看到美术馆，随着前进的步伐似乎越来越远。走出隧道，美术馆的景致和面前的拉索桥相互交织。这座后张拉索桥紧接隧道口，悬于深谷之上，特殊的结构设计在不对称的情况下保持了隧道和桥之间的延续性。桥的另一端连接美术馆前的广场。从广场有日式寺院式的台阶通向大厅。大厅建在山脊之间，一系列的玻璃屋顶栖于起伏的山峦之上。建筑体块若隐若现，给参观者留下悬空而缥缈的第一印象。

从香山饭店开始，贝聿铭就开始探索一种现代的亚洲建筑语言，在做美秀美术馆的时候，他将这种探索继续了下去。其中最值得一提的就是贝聿铭坚持的现代主义几何图形风格。

连接美术馆的，是壮观的长200米的隧道，还有120米的斜拉桥，由贝聿铭和纽约著名工程师莱斯利·罗伯森（Leslie Robertson）合作完成。隧道呈弧形，因此美术馆入口要到隧道的末端才豁然呈现。尽管有电瓶车可以代步，大部分的访客仍会选择从停车场步行到美术馆。这样最后一刻才显露真身的设计在日式庙宇里十分常见。

2002年11月2日，美秀美术馆的吊桥获得了由国际桥梁及结构工程协会颁发的“优秀构造奖”。颁奖评语中提到："在保护自然的同时，这座明亮而空灵的建筑浓缩了构造之美和艺术之雅。"

美秀美术馆于1997年11月竣工。美术馆的每一部分均体现了建筑家打破传统的创新风格：由外形崭新的铝制框架及玻璃天幕，配上Magny Dori石灰石及专门开发的染色混凝土等暖色物料；展览形式及存放装置，则充分表现出设计者匠心独运的智慧。

美秀美术馆在结构设计上有几大亮点：首先是跨越两个山脊的隧道及吊桥，这座吊桥是专门为美术馆单独研制的，可称举世无双，从与其相连接的隧道出来缓缓前行便会看到美术馆的主入口。整个结构采用非对称多悬斜索结构，由一条定制的曲线型钢作为主要支撑结构，形成一道完美的弧线，暗示着前面美术馆的瑰丽与深邃。其次，正立面主入口处门庭的钢结构是整个建筑结构技术的集中体现，采用了专门针对该项目研制的"九梁节点"，从这点上看，该项目也可以说是一个高科技建筑。

前往美术馆前会先经过一个山洞，循着入口处亮光前进，真的像是行走在陶渊明诗中渔人进入桃花源的小径。步行于隧道中，在出洞口处迎接的，依然是"豁然开朗"的自然境界。建筑主入口、广场及樱花大道是整

吊桥紧接隧道口，美术馆入口将
在隧道末端豁然呈现
张雷 摄

个美术馆的第一道风景，春天人们会被粉红色的樱花林所震撼，秋天人们会陶醉于广场上的红色枫叶。第二道风景是蜿蜒的隧道、直线的桥和自然环抱的群山。隧道的尽端是一座飞逸的钢索吊桥，该桥被国际桥梁及结构工程协会称赞为“映衬在自然群山景观之上的优雅艺术品”。第三道风景是建筑入口及两侧的坡地绿化带，贝聿铭认为美术馆的入口至关重要，要有一种庄重典雅和有历史文化特点的感觉，让人感到走进建筑就如同前往圣地朝拜一般的庄重。美术馆的细部设计和材料运用非常准确，如建筑室内空间的玻璃屋顶、钢结构和墙体、

美秀美术馆入口大厅

张雷 摄

灯具的设计，室外空间的钢桥和隧道、植物配置等等，都体现了极高的工艺和科技水平。建筑师描绘的画卷和业主的梦想达成了共识，文学和艺术的深远内涵共同渗透到日本美秀美术馆的建设工程之中。

美秀美术馆是个传奇建筑，它除了远离都市之外，最特别的是建筑80%都埋藏在地下。但它并不是一座真正的地下建筑，而是由于地上是自然保护区，依照日本的自然保护法，要采取保护自然环境及与周围景色融为一体的建造方式。这一设计清楚地体现了设计者贝聿铭的理念：创造一个地上的天堂。他第一次到这个地方时，就很感动地表白："这就是世外桃花源。"

与历史的完美对话——德国历史博物馆

其实就在卢浮宫改造项目完成那年，贝聿铭已经立即开始着手另一大型公共空间的设计工作——设计位于柏林的德国历史博物馆（Deutsches Historisches Museum）新馆。

1987年10月28日，当时的联邦总理科尔和柏林市市长埃伯哈德·迪普根，在柏林建城750周年之际，于国会大厦签订协议，正式决定建造德国历史博物馆。最初的计划是要在国会大厦旁建一栋新楼用作历史博物馆，一位意大利建筑师通过竞标拿到了项目。不过到了1990年两德统一，以往的所有开发计划均遭改变。

重新选定的馆址是18世纪德国雕塑家及建筑师安德列阿斯·施吕特（Andreas Schlueter）设计的原军械库，它一度被民主德国作为德国历史博物馆使用。但这个柏林最主要的巴洛克建筑之一的建筑物仅能满足7500平方米的展览场地，远远达不到规划中的永久展馆1.6万平方米和更换展览场地5000平方米的要求。因此，重新建造一个与主馆建筑相连接的新馆建筑势在必行。新馆址与军械库相邻，20世纪50年代在那儿建有德国历史博物馆的储藏库及工场等建筑。这是一块夹在历史老建筑物中的隐蔽的小小基地。除此之外，要建造的新馆只有很少几处能看见其立面，而且必须在设计中规划出许多使用面积来，这些对新馆的建造都是极其困难的条件。由于贝聿铭在诸多博物馆建筑设计中所取得的成功，联邦德国政府认定，贝聿铭是这项设计唯一的理想人选。

然而，贝聿铭自20世纪60年代以来已不再参加任何项目的竞标，而且在1990年底正式宣布退休、离开他的设计公司（PCF建筑事务所）后，只是有选择地接受极少的项目。按德国建筑师协会的规定，凡公共建筑的设计委托必须通过竞标方式甄选建筑师。基于贝聿铭不愿参加竞标和只接受自己选择的项目的态度，德国当时的总理科尔打算效仿法国总统密特朗在决定卢浮宫计划时不执行1977年以来重大工程应举办竞标的规定，而破例直接委托给贝聿铭的做法。1995年5月，当德国历史博物馆方面第一次向贝聿铭询问，是否能在柏林为德国历史博物馆设计一座新馆时，贝聿铭表现出极大的兴趣，但有保留地未予答应。当年秋季贝聿铭被安排在波恩的总理府同科尔总理见面。两人谈论着新首都柏林的问题，包括首都的角色、文化在世界政治中的角色。最后科尔总理出人意料地拉开一个抽屉，里面是一架折叠式电唱机，会面在一曲莫扎特的赋格曲中结束。这是一个极少有的令人难以想象的场景，但这时人们可以感觉到他们两人已达成了默契。

“卢浮宫之后，我以为没有更棘手的工程了。我在很多国家做过设计，却没在德国做过，德国历史博物馆是我在那里的第一个工程。”贝聿铭后来说，“我总是很乐意在我不熟悉的国家工作，因为我乐于学习新的文化和知识。”

贝聿铭并没有尝试将沉重的历史和现代主义硬凑在一起。他的设计是为了向世界宣称，德国已经进入了一个新时代。过去普鲁士的民族主义和军国主义精神已经为多元化的“欧洲的思维”取代。

1996年6月26日，德国议会的财政委员会批准了建造历史博物馆新馆的计划，赞成直接委托贝聿铭为新馆做设计。这是德国建筑史上第一个不经招标而由联邦总理亲自决定委托建筑设计师的建筑。一座公共建筑物不经招标而直接委托建筑师设计的做法立刻招来了专业人士们的激烈批评。可当贝聿铭在1997年1月17日公开展示和介绍他的设计方案后，这类批评声便销声匿迹了。贝聿铭以他的第一次方案介绍赢得了文物保护专家们对现代建筑物建在古老建筑环境中的赞许和支持。德国的报纸也以惊叹的口吻评论贝聿铭的新馆建筑。比如《柏林日报》评论说：“贝氏的设计填补进了军械库后面的小尺度空间，但却形成了一个完全独立的、没有历史建筑物衬托也极其高雅的水晶体。”《法兰克福汇报》也写道：“被誉为空间魔术大师的贝在柏林成功地将新老建筑完美地结合在一起，并将一个偏僻的、不起眼的地方变成了吸引人们乐意前往的高贵之处。”

1998年8月奠基动工，当时科尔总理亲临出席。历经四年多的建设，这个耗资4700万欧元、展览厅面积为2740平方米的新建筑于2003年2月28日交付使用。

走进这座建筑，人们不能不佩服当时已80岁高龄的贝聿铭思维的活跃。贝聿铭以一个略带弧形、几乎与主体建筑等高的玻璃廊厅，妥善地解决了同巴洛克建筑军械库之间距离上的冲突。这个玻璃廊厅使人们可以仰望天空。在地下层设有连接新老博物馆的通道。天桥、廊台、梁腹板、楼梯在不同的高度交叉连接，限定着廊厅的区域。在建造中廊厅采用了同巴黎卢浮宫金字塔一样水晶般的最高品质玻璃，从视觉上拓展了狭小场地的范围。玻璃墙幕既分隔开两幢建筑物，又使其相互关联。博物馆的参观者在映现的巴洛克建筑富丽堂皇的背景下闲逛的同时，古老的建筑也随之在“运动”。流畅的几何图形显示了建筑的现代风格，而它在现代感中又透露出优美的古典丰韵，和周围两座由古典派建筑大师辛克尔（Karl Friedrich Schinkel）修建的建筑遥相呼应，浑然一体。

生活在19世纪、深刻影响了柏林城市建筑的辛克尔，是贝聿铭敬仰的前辈，在德国的首都，在与辛克尔建筑比邻的地方修建一座当代风格的建筑，对贝聿铭来说有一种非同寻常的意义。贝聿铭坦言，在柏林设计这个博物馆新楼的时候，“我不断地想着，辛克尔……辛克尔……辛克尔。但是我不可能模仿他的新古典主义风格。我们现在是21世纪了，所以必须要做现代建筑，然而，同时我们也得尊重历史。所以我就强调了建筑的透明性，这样可以避免风格的互相撞击。在尊重历史的同时也和21世纪的现代感保持了一致”。

事实上建筑美的创造不仅仅是建筑师突发奇想的结果，更主要的是根据其功能需要所做的安排。在剩下的约2000平方米建筑用地上，贝聿铭设计了一个简洁明了的三角形几何体。各展览大厅都分布在里面。三角形几何体是贝聿铭在建筑设计中经常使用的基本形式，在他著名的建筑中都曾运用到：美国国家美术馆东馆是两个相互构成梯形的三角形；香港的中国银行大厦是由一组排列和旋转了的三角体构成；巴黎卢浮宫金字塔是由四个三角形在一个正方形上筑成的空间。《法兰克福汇报》在称赞这座比人们期望的还要秀丽的建筑物时，这样写

德国历史博物馆新馆

视觉中国 供图

道：“（贝聿铭）将施吕特的巨形艺术、辛克尔的优美与中国的忧郁集于了一体。”《南德意志报》热情洋溢地评论说：“这位光线魔术师给这座城市注入了一个可以折射其照准线与光轴的棱镜，给幸运城市增添了七色光环。”

最后的宣言——伊斯兰艺术博物馆

2008年11月，伊斯兰艺术博物馆（Museum of Islamic Art）在卡塔尔首都多哈揭开面纱，这个耗资三亿美元的作品，被认为是贝聿铭最后的“宣言”。

伊斯兰艺术博物馆位于卡塔尔首都多哈海岸线之外的人工岛上，占地4.5万平方米，是迄今为止最全面的以伊斯兰艺术为主题的博物馆。博物馆外墙用白色石灰石堆叠而成，折射在蔚蓝的海面上，形成一种慑人的宏伟力量。而再看建筑的细部，典型的伊斯兰风格几何图案和阿拉伯传统拱形窗，又为这座庞然大物增添几分柔和，稍稍中和了它的英武之气。博物馆中庭偌大的银色穹顶之下，150英尺高的玻璃幕墙装饰四壁，人们可以透过它望见碧海金沙。

贝聿铭后来在接受记者采访时，详细介绍了自己与这个项目的渊源：

我想是从1997年开始的，当时阿卡汗建筑奖（Aga Khan Award for Architecture）组织了一个竞赛，两位建筑师突围。评审团的第一选择是查尔斯·柯里亚（Charles Correa），第二选择是一位黎巴嫩建筑师瑞瑟姆·巴德兰（Retham Badram）。巴德兰被卡塔尔选中设计这座位于滨海大道的伊斯兰艺术博物馆。很不幸，他的方案没有进展，于是路易斯·蒙雷亚尔联系了我，他是阿卡汗奖评审会的成员之一，如今是阿卡汗文化信托总经理，虽然此前他就知道我没参加这场竞赛，但是他依然说服卡塔尔的埃米尔（卡塔尔国王的称呼）我是设计新博物馆最好的人选。

卡塔尔最初提供给贝聿铭的选址都是位于滨海大道上的，其中也包括原定给巴德兰的场地，而这并不令他满意。“虽然当时附近并没有很多建筑，但我担心以后越来越多的大厦会遮挡住它的光彩。我提出是否可以让我自己创建一块场地。当然这是个很自私的提议，不过我也知道在卡塔尔填海造陆并不是特别复杂，于是我们就在多哈滨海大道的南面离岸60米的地方建了一座人工岛，用作博物馆的场地。这座新的“C”形半岛自成一体，既不受北边波斯湾的影响，又和东部千篇一律的工业大楼分隔开来。”

为了表现伊斯兰文化的精髓，贝聿铭在中东考察了数月：研读穆罕默德、游览埃及和突尼斯。他后来坦承，这座艺术博物馆的设计，“是我曾经从事过的最困难的工作之一”——“对我来说，我必须去把握伊斯兰建筑的精髓。我的任务的困难在于伊斯兰文化如此丰富多样，从伊比利亚到莫卧儿印度，再到中国以至更远。我很熟悉西班牙科尔多瓦大清真寺，并认为它代表着伊斯兰艺术的顶峰，但是我错了，结合西班牙气候和文化的影响意味着科尔多瓦清真寺并不是我寻求的伊斯兰文化的纯粹表现。”

为了寻找灵感，贝聿铭又去印度看了当地最大的清真寺，但还是没有感觉。甚至叙利亚大马士革倭马亚清真寺——现存最古老的纪念碑性质的清真寺，似乎也带有早期基督教影响的元素。就这样，“对伊斯兰文化的探寻又一次碰壁”。贝聿铭后来又去了突尼斯，本意是去考察清真寺，但是却被莫纳斯蒂尔和苏斯的那些建于公元八九世纪的堡垒所吸引，他感觉自己“正在接近伊斯兰建筑的本质”。

正是在一次又一次苦苦探寻中，贝聿铭渐渐悟出自己要追寻的是什么。他后来说：“我开始明白为什么我觉得科尔多瓦清真寺不是我寻求的伊斯兰精髓的真正代表，它太豪华太华美了，如果一个人说寻到了伊斯兰建筑的核心，难道它不是应该位于沙漠上，设计庄重而简洁，阳光使形式复苏吗？”最后，在埃及开罗的伊本·图伦清真寺，贝聿铭感觉终于找到了自己一直所要寻找的，接近了“真相”。“这个庄严的建筑在阳光下苏醒过来，带着它特有的颜色深浅不同的阴影。站在伊本·图伦清真寺的中央，我最终发现我找到了心目中的伊斯兰建筑的精髓。”贝聿铭说，他在多哈沙漠的骄阳中想要表现的，正是这种精髓——沙漠之光将建筑本身变幻成了光影的游戏。

年轻的馆长萨比哈·艾尔·卡米尔说：“穆斯林世界的这个博物馆能够建起传统和现代之间的桥梁，而这正是贝聿铭所成就的。他实际上重新诠释了伊斯兰建筑，加入了他自己的表现力，这种表现力同时具有私人性和共通性。从这个角度看，建筑自身也创建了传统和现代的桥梁。”比起贝聿铭的其他作品，伊斯兰艺术博物馆显得更加严谨。沙漠的日光严酷激烈，让博物馆的造型和颜色于一天之内不断变幻，在西斜的夕阳下散发出橘黄的光晕。

坐落于人工岛屿之上的这个伊斯兰艺术博物馆占地38.2万平方英尺，如王冠上的宝石般镶嵌于整个海湾地带。在开幕式上贝聿铭告诉来访的各路显贵：“在这个博物馆的建造中，我的角色仅仅是一位建筑师，但是，这个项目对我来说十分特殊。它帮助我进入和了解一个不同的世界，不同的宗教，不同的文化。”贝聿铭对于光线的观点，和他对于几何构图的理解是建筑中造型、变化和表现手法的关键，这一切都帮助他填平了早期现代派和传统之间留下的鸿沟。贝聿铭在多哈的作品极具现代风格，但又没有和传统隔离开来，这一作品的难度和重要性可以说在现代建筑史上是鲜见的。

6

第六章

重返中国

“他会用一种贵族气十足的方式谈论他的祖先和苏州的石头园林。如果我是名中国绅士，我也会这样做的。为什么不呢？”贝聿铭的同时代建筑师菲利普·约翰逊曾不无羡慕地说。

很难得地，贝聿铭潇洒地跨越了文化间的差别，在获得了新世界的同时保存了原来的世界。去过他家的人说，他家有庞大的抽象玩意儿，还有滑稽的中国小玩意儿。肯尼迪遗孀杰奎琳也曾描述，贝家的起居室是清一色的棕黑色硬家具，“连一张舒服一点的椅子都见不到。聿铭和爱玲都崇尚中国旧式家具所代表的生硬的等级秩序”。

贝聿铭无法割舍的还有中餐。他的合伙人伊森·列奥纳多说：“他从来没有喜欢过美国三明治。我们当中和他一起去过新加坡和香港的人算是上了一堂中餐课，知道中餐怎么个吃法。但和贝一起吃饭总是很特别。他专爱吃稀奇古怪的东西：毛茸茸的螃蟹、凤爪羹、海参、鸭舌、蛇肉，还有一些你要等到第二天才想知道的玩意儿。”外国人眼里的中餐或许夸张，但贝聿铭的确对各种中餐都感兴趣，他喜欢大闸蟹，也喜欢红烧肉，在美国时也经常去唐人街一饱口福。他太太是天津人，每个月帮他包一次饺子，他说最好吃的是太太包的饺子。他最念念不忘的家乡菜是鸡头米，也叫芡实，8月底上市，因此有一道时令菜叫桂花鸡头米。贝聿铭记得小时候用人剥鸡头米的情景，那是一种果实有点像鸡头的水生植物，皮很难剥，很难吃到，但吃到嘴里很软糯。

他也爱读古书。贝聿铭曾说，他的中国传统文化训练开始在香港。如果让他背一段唐诗，那他只能用广东话，不能用普通话或上海话。但他离开香港时只有10岁，中文程度还很浅，到美国之后，才开始大量阅读古典著作。他家里有不少中文藏书，包括唐诗、宋词、元曲和《史记》。他经常翻阅这些藏书，很多都翻烂了，还让助手去中国时多替他买些线装书。他曾说，如果回到古代，他愿意做宋代人。贝聿铭觉得，韩愈的《祭十二郎文》读来催人泪下，陶渊明的《归去来兮辞》和《桃花源记》更是韵味十足。而他最爱读的是老子，老子教导人们，只有与联结万物的神秘力量——道——发生关系，才能获得内在力量。贝聿铭曾说：“我在大学时确实没有足够的智慧读老子的书，虽然小时候我确实读过。那时，我读得快，忘得也快。但从那时起，我读老子的书读得很多。我想，也许他的文字对我的建筑思维的影响超过其他任何东西。我想，可能许多现代派建筑师会告诉你同样的道理。”

当有人问起贝聿铭内在的哪一部分依然原封不动地保持着中国模式时，与他关系密切的人经常说是他的思路。他在发表意见前总是对问题的各个方面都加以慎重的考虑。他的女儿贝莲说：

爸爸特别精明。他有着迷人的魅力，但他比我母亲费解很多。她的思维方式比较西方化，她对她觉得顺眼的人是非常直截了当的。而爸爸很会看人——他的思想总是领先于谈话内容——但他从不显山露水。他总在不露声色地进行思考……在某些方面，他认为自己是美国人。而他在考虑个人生活和家庭方面仍然非常中国化……我的爸爸妈妈认为我们几个孩子已经彻底美国化，可他们没有看到，我们也仍然保留着一定的中国特性。

贝聿铭曾对他的朋友威廉·沃尔顿说：

我很西化，这没错。但这远非事情的全部。我对两个世界的人都很了解，和他们在一起都很自如。但说到底，我和西方人之间还是有一道屏障，虽然没有竹帘那么厚，但这道薄薄的屏障最后还是把我们隔了开来……东方人和西方人之间的差别比和俄罗斯人或者中东人等任何其他人种之间的差别都要深刻，这也许是因为我们的历史太悠久。我们的文明可以追溯到那么遥远的年代，比任何国家的都要遥远……

贝聿铭又说了一句意味深长的话：“我比你想象的要中国化得多，我猜我没有在你面前表露这一点。我不知道我是不是故意这么做的。”

1974年，贝聿铭在离开近40年后第一次重返中国，他记忆里的家族和园林熟悉又陌生，建造现代中国的命题也变得复杂。从香山饭店到中国银行，再到苏州博物馆，他对历史和现实联系的重建，意味深长。

香山饭店：一次超前实验

1971年4月，中国邀请美国乒乓球队访问北京。听到这个消息后，贝聿铭在工作室里激动地来回走动。他对在场的人说："你们知道这意味着什么吗？两三年后你们就能去中国啦！"

这一天果然很快就来了。1972年2月，美国总统尼克松访问中国。1974年4月，美国建筑师协会便受邀访问中国，贝聿铭身在其中，这时距离他17岁时离开中国已经将近40年了。对贝聿铭来说，中国完全是一个新的国家了。但是到了这个时候，反对中国传统文化的斗争势头逐渐减弱，取而代之的是对明清时代具有历史意义的老式建筑物的自豪感。贝聿铭参观了几家作坊。在那里，徒弟们在老师傅的指导下练习揣摩陶瓷、玉石、象牙雕刻和真丝刺绣艺术。记者西奥多·怀特评论说："中国文化讲究美。每一座大城市、每一座小县城都珍视着当地的名胜——树木葱郁、盘根错节的花园，清澈鉴人的水池旁边的古老凉亭，记载着诗篇的整修一新的纪念碑，等等。"

贝聿铭的老家苏州在保护文化方面的高瞻远瞩超过中国其他任何城市。据说，周恩来总理亲自为保护园林做了批示，使得十几个园林免遭"文革"的破坏。贝聿铭他们一到苏州，就去参观了其家族原来的居住场所——狮子林。这座园林已经作为公园重新开放，游客很多，接待贝聿铭的很多是贝家的亲属。如果不是因为历史的偶然，贝聿铭可能已经成为他们中的一员。在一种百感交集的复杂心情下，贝聿铭坐在太湖石上向他的美国朋友解释这些石头如何在几代人的时间中进行演变，园林工匠们又是如何把石头存放在流水中让它经受冲刷并等候孙辈的收获。

1974年贝聿铭访问中国时，中国正处于意识形态变化的边缘，邓小平在第二年重新登上政治舞台，开始对西方的事物兼收并蓄，贝聿铭被视为一座桥梁。于是在1978年，副总理谷牧邀请贝聿铭第二次来中国，希望他为城市规划和建设提供咨询，借大兴土木迈入现代化。

但贝聿铭有另一层担心，他已经看到，伊朗和埃及等发展中国家盲目进口，把精华和糟粕一起接纳，他不希望古都北京也步其后尘，为建立新的文明而牺牲世界上最古老的文明。他对谷牧说出了担心，建议不要在故宫附近建高楼，以保护紫禁城金黄色琉璃瓦屋顶上的开阔远景。随后他在清华大学做了一场演讲，也提出了类似观点。但是，保护历史遗产并不是致力于现代化的中国的首要企望，一个在当时正渴望品尝第一口“禁果”——

电视、T恤衫、可口可乐、高跟鞋和汉堡包——的国家并不会为保护传统文化的事宜而担心。尤其是建筑系学生们，他们正摩拳擦掌地想要把西方的摩天大楼在中国复制。贝聿铭说："学生们对我的讲话都感到失望。他们指望我会给他们讲玻璃幕墙、设计样式和高层建筑的最新潮流，以及诸如此类的东西。可我却告诉他们不要只看未来，也要看看过去。"

1978年12月，贝聿铭受邀第三次访华，而且带上了他的家人——妻子、三个儿子和孙子孙女们——一起在北京过了圣诞节。中国政府没有采纳贝聿铭早先提出的建议，谷牧邀请贝聿铭"在中国留点纪念"，一开始的提议是在长安街设计一座高层建筑，贝聿铭谢绝了。他坚持认为，在故宫周边建高层，将是一个错误——

我的良心不允许我这么做。如果你从紫禁城的墙脚下向上望去，你看到的是屋顶金色的琉璃瓦，再往上望就是天空，中间一览无余，那就是使紫禁城别具一格的环境。假如你破坏了那种独树一帜、自成一体的感觉，你就摧毁了这件艺术品。我无法想象，如果有一幢高层建筑像希尔顿饭店俯瞰白金汉宫那样居高临下俯视紫禁城……

他想另选一址，以便可以设计一座很传统的建筑，北京的旅游机构——第一服务局提议在他们管理的某一座城郊公园中建一座低层饭店。

离圣诞节还有两天时，他们带贝聿铭和他的儿子贝建中来到北京西北郊的香山，那里给人一种宽广的森林野趣之感，是远离闹市喧嚣的另一个世界。在贝聿铭眼中，这个皇家园林遗址上覆盖着一层薄薄的白雪，凉亭、宝塔分布得错落有致，俨然一幅古代画卷。贝聿铭不再犹豫："我们就在这儿建吧。"

贝聿铭把香山当作一个探索"中国现代建筑语言"的实验室，这种建筑应该既不是西方的形式，也不是古代中国的形式，他称之为"第三种风格"。他仔细观察了北京的建筑，发现在苏联几十年的影响之后，国际风格已经呈泛滥趋势，随之引发了连锁的民族主义反击，一些西式建筑被硬加上了中式大屋顶——

太荒唐了！就好像穿着西服的人戴上了斗笠。中国建筑已经走进了死胡同。现在有两个方向，一个是盲目仿古，一个是全盘西化，哪一条都走不通。我想探索一下，中国传统究竟是否还扎根于老百姓的生活中。如果是，那么或许中国建筑师就不用靠西方国家而能找到自己的艺术语言。中国历史悠久，文化深厚，中国的建筑应该自然而然地生根于这样的历史文化。

在随后的行程中，贝聿铭去了很多城市，也重游了贝家曾居住的园林和庭院，重温他过去生活的许多组成部分——飞翘的屋檐、华丽的屏风、画框般的窗户和涓涓的流水，从中发现了一些对多数人生活仍有意义的东西，一些能使本土建筑语言成为可能的东西：

从某些方面说，它们已经在那儿了。这些50年前、100年前建造的东西，至今仍是站得住脚的。当然，1978年后，中国的生活发生了很大的变化。今天我是否还会用同样的方式去设计香山饭店呢？或许我仍会这么做的。

他将设计前的这些准备工作形容为一种“心灵探索”：

中国建筑与自然的关系非常重要。在西方，窗户就是窗户，要放进阳光和空气。但对中国人来说，窗户是镜框，有时是花瓶形状的，有时是竹子形状的，有时又是扇形。在窗子的一边可能是一些嫩竹，竹的后面是一面白墙，创造了一幅美丽的图画。我的设计就是从这里开始的。

曹凯文曾在40多年前参与了香山饭店项目。他是在美国出生的华裔二代，如今工作生活于纽约和上海两地。1979年，初出茅庐的曹凯文加入贝聿铭事务所，正赶上香山饭店立项，贝聿铭便将这个华裔小伙子拉入项目组中。曹凯文说，贝聿铭当时已经功成名就，大部分项目都是出个想法，让助手们去执行，但香山饭店却不同。他惊讶地看到，贝聿铭常常手握铅笔伏在设计桌上冥思苦想："在两三年的时间中，这是他自己的项目。"

贝聿铭的最终设计是一组逐渐展开的园林式建筑，掩映在香山的枫树和松树之间。他用苏州风格的灰瓦白墙，取代了香山皇家园林里使用的大红宫墙和金色琉璃瓦。曹凯文认为，一方面是因为后者源于宫殿和寺院建筑，不是民居；另一方面是灰瓦白墙更容易与现代建筑风格对接。香山饭店在空间上也迥异于西方单体建筑，结合中国园林经典的轴线和收放自如的空间序列，引导游人先进入一个中式四合院感觉的中庭，再经过蜿蜒伸展的走廊，通向几栋不对称的低层客房。从每一间客房里望出去，都可以看到四周环绕的大大小小共11座园林的景致。贝聿铭说，香山饭店工程与其说是设计园林，不如说是对其整修——“那一带原先就有许多古树，我们便将建筑围着它们设计，因此才形成了蜿蜒曲折的建筑形式。我至今仍记得当时的两棵银杏树，一雌一雄，挺拔漂亮。可以说，我主要是用了三件自然宝藏——银杏树、流水渠和云南石——构成了这个园子。”

如何在占地面积庞大的香山饭店创造出私家园林般的玲珑感呢？贝聿铭专门请来园林专家陈从周作为设计顾问。陈从周和他一起去了几次苏州，带他感受和了解中国古典文化。陈从周对园林的观点也是难得的折中主义，既不主张复古，又蔑视无凭无据的全新做法。他们共同探讨如何将园林元素，比如石头，带入现代建筑。贝聿铭在飞机上偶然读到一篇游记，文中提到云南石林饱经风霜的迷宫般的石灰岩柱，觉得正和香山饭店的灰瓦相配，就想要运到北京。不久之后是贝聿铭65岁

1979年4月，贝聿铭（右一）与陈从周（左一）、吴良镛（右三）等人在香山饭店工地

生日，中国政府在人民大会堂为他举行了宴会，他在席间的一个主题就是说服中方同意他穿越大半个中国从石林采石。曹凯文说，作为年轻一辈，他当时不断代表贝先生喝酒，喝到晕倒之时，还听到这个问题的讨论在继续。此后经过一年的谈判，曹凯文被允许在石林外围圈出一块地采石，运回2300公里外的北京，但怎么将这些巨大的石块运上山又是个难题。贝聿铭专门请教了陈从周，而后采用造园的传统办法，在山上铺上圆木，石

香山饭店是贝聿铭探索中国
现代建筑语言的第一次实验
蔡小川 摄

头滚圆木上山。工人们将这些石头从石林拔走后，当地废墟里还有一座灰色大理石平台，下面连着一条曲水流觞的曲折水巷，相传诗人们将葡萄酒杯放入水巷，酒杯随着水流漂到水巷尽头大约需要七分钟，诗人们必须在这么短的时间内作诗一首，才能享用美酒。贝聿铭被这个意象打动，在香山饭店园林里重新复制了一个流水渠。曹凯文说，园林小径中铺设的竹子和梅花图案的小鹅卵石，也是他从京郊的河床采集来的。附近的村民听说有外国人要来买石头，决定设宴欢迎，特意宰了一头猪。曹凯文对他到达时的那个场面记忆犹新："地上都是血，旁边躺着一个很大的猪，我还以为要来杀我呢。"

香山饭店中庭借鉴了四合院空间设计

蔡小川 摄

与在美国已经驾轻就熟的施工体系不同，“文革”刚刚结束后的中国没有高质量的施工队伍，也缺乏严谨的工作态度。曹凯文当时在工地一盯就是几个月，他告诉我们，一个很大的问题是工人们看不懂施工图，因此不得不将精确的模型做好后运过来，让工人们照着模型建。即便这样，实际施工中还常常会出现多达几米的误差。贝聿铭事后回忆说，香山饭店是他经历过的最难的项目之一，是在一个他完全不明白的系统里工作：“我们面对的，不仅仅是‘为什么要用白墙’这样的问题，还有人问‘为什么我们在中国建楼都要听美国人的？’。”

香山饭店终于在1982年如期揭幕了。仅仅半年后，贝聿铭就听到了不绝于耳的抱怨声，酒店被交予一个没有多少相关经验的人手中，出现了各种服务问题，很多人住过一次就再也不去了。后来酒店游泳池也被拆除了，改成了保龄球馆。那个泳池设计巧妙，可以经由一个洞从室内游到室外。有些问题在设计之时就有所预见了，比如负责设计餐具的特莱茜·特纳，她曾向酒店经理说明正式的西餐厅必须使用25项餐位餐具。她给服务人员示范，怎样把叉放在左边，刀放在右边，折好的餐巾竖在盘子上；说明什么杯子是喝水用的，什么杯子是喝葡萄酒用的。服务人员越听越觉得不可思议，经理干脆说：“我们只用一双筷子吃饭。我主张再加上25只碟子就可以了，不必用这么多餐具。”

对于当时的中国来说，香山饭店既熟悉又陌生。从山上向下望，这座建筑灰白色的平屋顶与周围环境格格不入。更重要的是，与之前的预期相比，它又太过素淡，不那么现代。在饭店的落成典礼上，一位官员说香山饭店看上去“很中国”。事后贝聿铭说：“当时正开始‘四个现代化’，政府想要的是西式风格，所以他这个评价并不是褒义，但听在我耳里，就是表扬。”

如今，香山饭店已经建成40多年了。作为北京近郊一个市民化公园里的设施，香山饭店是一个普通消费水平的宾馆，很多人选择在这里度周末。我也在清明小长假前一天来到这里，想着避开游客高峰，但这个时候登山的游人已经增多了。可贵的是，香山饭店的位置在公园一角，周边有一个相对清幽的小环境，将人带入另一个世界。远远看去，白色的饭店一角掩映在连绵起伏的群山中，不禁让人想起贝聿铭当年让曹凯文画的一幅轴测图，将香山饭店方案图放置在一幅古画中，竟然没有丝毫的不谐调。如今细看这组老房子，确实有很多

香山饭店的石峰采自云南石林
蔡小川 摄

园林里，窗户即是画框
蔡小川 摄

香山饭店采用了苏州园林风格的灰瓦白墙

蔡小川 摄

瑕疵：地砖开始起翘，白色墙面也出现了很多污渍和裂纹。园林里面，流水渠里并没有水，只保留了一个巨大的石迷宫外观。不过，香山饭店在如此大体量的建筑与自然结合的方式，以及园林里的各种树木、水系、石头组合而成的可游、可居、可观的设计方面，仍是一座不可逾越的高峰，在如今建筑千篇一律的北方城市里尤其难得。酒店的很多细节还保留着当年的设计，包括每一盏灯、每一套床品、每一件餐具，甚至酒店标志。可以体会，贝聿铭第一次有机会在中国做设计时的那股心劲，以及不尽如人意之后的失望。而40多年之后，当一直向西方看的中国建筑师回头尝试和本土传统结合，才意识到香山饭店所开创的这条道路的可贵。从某种意义上来说，香山饭店是一次超前的实验。

香山饭店建成之后，贝聿铭再没去过，这是他的一个伤心地。他后来说："一部建筑作品并没有在揭幕时彻底完工，揭幕仅仅是开端。由于这个原因，找到合适的客户对我来说至关重要。我希望饭店能有第二次生命，希望它能复苏。"据说几年前曾有朋友提出要出资请贝聿铭重修香山饭店，但最终没有实现。不过，因为贝聿铭在设计香山饭店前后的建议，政府决定限制在故宫周围一定范围内建高楼。贝聿铭一直认为，这才是他对中国最大的贡献。

中银香港：风水旋涡

移交香山饭店之后，贝聿铭搬到香港，他即将在这里为维多利亚港的天际线增添一座塔楼——中国银行香港分行。这又是一项他无法拒绝的项目，无论是出于建筑上的挑战，还是情感上的衡量。

香港和贝聿铭本人一样，是新与旧、东方和西方的结合体，也是地理和文化上连通中国的大门。贝聿铭每次来都如鱼得水，对他来说，香港是会朋友、做西装、品佳肴的地方。更重要的是在这里的一段早年生活经历：1918年，贝聿铭一岁，父亲贝祖诒带妻子和两个孩子从军阀割据的广州到香港，创立中国银行香港分行，直到1927年去上海。

一直到1948年，贝祖诒都是中国银行的总经理，直到银行被收归国有。于是贝家迁到美国，他们以为与中银的渊源也就到此为止了。没想到1980年，中国银行的新任总经理到纽约拜访贝祖诒，请求让贝聿铭出山为中国银行香港分行建一座新楼。贝聿铭回忆：

这是非常中国式的礼仪。我父亲当时已重病缠身，他们曾邀请他回国担任终身董事，他告诉他们：“非常感谢各位的邀请，如果早几年，我可能会同意，但现在不行了。”不久之后他便去世了。他告诉我，设计中银大厦与否完全在我，他们应该问我，中银果真这样做了，我也欣然同意了。巧的是，我父亲曾经在20世纪20年代开始了旧香港中国银行大厦的建造。

“这也是贝聿铭给自己的作品添加一幢与众不同的摩天大楼的机会。”1983年加入贝聿铭事务所的司徒佐说。他是香港人，顺理成章加入了中银项目组。在他眼中，香港中银无疑是一个好项目——“贝先生曾经说过，什么是好项目？好的业主，好的地点，好的项目……香港中银地点不错，在中环，可以做到最高，又有中国银行这个好业主，这才能塑造作品出来。”司徒佐说，尽管贝聿铭事务所在建造塔楼方面很出名，但大多数塔楼都是他的合伙人来负责，是为了维持生计所必需的，而不是作品，更别说1972年事务所还因波士顿汉考克大厦的玻璃掉落事件遭遇了近乎毁灭性的打击。

当时的香港中环，已经挤满了密密麻麻的四五十层高的摩天大楼。其中的明星，是正在建造中的英国汇丰银行大厦。这座由诺曼·福斯特（Norman Foster）设计的高技术大楼由让人目眩的托臂和管道组成，是当时世界上最先进也最昂贵的建筑物之一。新的中国银行香港分行与汇丰银行比邻，而随着1997年香港即将回归中国，这座新大厦所担负的使命不言而喻，它必须使作为殖民统治标志的汇丰银行相形见绌。

贝聿铭闻到了空气中这股摩拳擦掌的火药味。但对他来说，只有1.3亿美元的预算，与汇丰大厦的10亿美元不可同日而语。中银的这块地皮也并不理想，面积小，环境荒凉，四周还环绕着高架桥。贝聿铭提出的解决方案之一是和政府换地，拿原定场地的一角换一角，整个场地由此变成了平行四边形，还可以坐享维多利亚港的景致。第二招，是要求在地势较高的一侧修一条新路，这样从周围的街道便可以进入中银大厦。换地和修路改善了选址，是关键的第一步。这么一来，贝聿铭才信心十足地给出了承诺："香港是世界的十字路口，我有技术也有办法建筑一幢现代派大楼。”

比汇丰银行更显眼的最直接办法，是建得比它更高。对于中银大厦来说，这是可能的。司徒佐说，此前香港机场在九龙，限制了飞行路线上这批大楼的高度。恰好在中银开始建造时机场启动搬迁，中银基本上是搬迁后的第一幢楼，高度可以超过此前的建筑。还有一个条件是采用了一种新的结构体系，使得用钢量大大减少，也保证了在预算范围内实现更创新的造型。后来的叠加四面体造型，是贝聿铭有一次在卡托纳的度假屋中度周末时想出来的。他随手摆弄着四个三角形的小棍，这些棍子一头有逐渐变细的斜角，把四个摆在一起，每一根向上滑动，直到顶端只剩下一根，形成金字塔般的顶点。这就成了设计的雏形。

贝聿铭把图纸和模型给结构工程师莱斯利·罗伯森看，罗伯森从中发现了一种新概念的萌芽，有可能用纵向空间框架取代令传统建筑不堪重负的横向拉结型柱组合。他和贝聿铭合作设计了一个创新性的超级合成桁架，每隔13层，用预制件把大楼进行横向和斜向加固，那些交叉支架将所有的承重都转移到四个巨大的角柱上，建筑内部无须支柱，整个结构框架也显得既轻盈又坚固，就像一个四角凳。司徒佐说，它摒弃了传统的空间焊接，选用混凝土来固定。混凝土就像一大滴胶水，把所有分散的部分粘在一起，而这些部分之间并不用互相连接。这样的体系效率很高，结构钢筋只用到了传统体系的65%。贝聿铭把每隔13层楼对塔楼进行加固的斜构件和横向桁架用红笔圈出，他认为，这样彰显出结构，在美学上能让大楼显得舒适。但是，如此一来，大楼正面就出现了众多巨型“X”，在中国，叠加起来的“X”有不吉利的象征，往往意味着错误或遭殃。中国银行给贝聿铭发来电报，对此表示担忧。

“X”形的相关争论涉及博大精深的风水问题。这在传统中国仿佛建筑的宇宙法则，规定城镇、建筑、墙壁、家具的位置如何才能与穿行于天地之间的缥缈力量保持谐调。这一学说在香港尤为盛行，贝聿铭也很难避开。事实上，这成为香港中银面临的最大问题。贝聿铭曾公开否认他相信风水。“我怎么能相信那些东西？尽管如此，风水是我所受教育的一部分，是建筑的一部分。风水的起源是对自然力量的信仰，后来却演变成一种迷信。”贝聿铭回忆说，“在香港，风水是一门大生意，有不少风水师专门负责建筑物的选址、方位和造型

香港中银大厦

等等，他们无处不在，你不去征求他们的意见，就寸步难行。我知道会遇到麻烦，但我知道应该预料什么样的麻烦。”

贝聿铭决定把构成“X”形状中的横向桁架隐藏起来，这样一来，楼身就形成了一连串菱形的图案，他将其描述为一系列相互交叉的宝石。同时，贝聿铭将大楼比作春笋，他知道，对于中国人来说，雨后春笋正喻示着从传统中再生的希望和蒸蒸日上的势头。

中银大厦的封顶典礼精心选择在了1988年8月8日，几乎是最吉利的日子，但这并未让争论停歇。中银本身的风水不错，它位于维多利亚港“龙头”的位置，主入口也是很传统的背山面南。但是邻居们觉得不吉利：“中银大厦形成的尖角犹如一把锋利的刀，刀口正对着我，会给我带来厄运。”司徒佐说，风水上有一个概念，就是不能出现小于90度的角。中银形成的切角是45度，就被认为像“刀刃”一样。然后说汇丰大厦上装了两个“大炮”来抵御，其实那是两个擦窗的机器，而且是后装的。但是一把刀一个炮，这故事就讲齐了。另一个不幸的邻居是香港总督府。上一任香港总督在1986年中银大厦建设过程中突然逝世，“刀刃”说就更盛了。继任的总督卫奕信后来邀请贝聿铭夫妇去总督府做客，给他们看花园里新增的滑稽内容——两棵柳树。卫奕信解释说："我们在中银大厦那个尖角和总督府中心位置之间的直线上种上了柳树，算是采取了保护性措施。柳树的形状柔和，对中银的尖利角度起了缓冲作用。就这样，问题解决，皆大欢喜。"

中银北京：续写的家族渊源

在香港中银大厦之后，贝聿铭与中国银行之间的渊源并未切断。1994年，为了北京中国银行总部项目，中国银行又一次找到了贝聿铭，贝聿铭起初有些犹豫，说他已经不接大项目了，直到他们问："那么您的儿子们呢？"

1989年，贝聿铭的个人声名登峰造极，这年揭幕的卢浮宫金字塔项目就是一个最显著的标志。他时年已经72岁，决定从他创立的事务所隐退，去从事一些更小规模、更得心应手的工作。原来的贝聿铭事务所拆分为三个，其一是保留了大部分雇员的PCF事务所；其二是贝聿铭的两个儿子贝建中和贝礼中独立出来成立的贝氏事务所；其三是贝聿铭本人的小型事务所，只有他和两个秘书。1995年加入贝氏事务所的莫平告诉我们，像中国银行总部这样的大型项目，人数最多时团队里有30人，投入了七年时间才完成，靠贝聿铭一己之力根本不可能。最终是中国银行和贝聿铭儿子的贝氏事务所，以及贝聿铭本人的事务所分别签订了合同，由贝氏事务所承接项目，贝聿铭作为设计顾问把控。

中国银行总部位于西单十字路口，南北向是热闹的商业街，东西向则是北京最重要的城市轴线——长安街，离天安门很近。这一选址面临的首要问题就是当年贝聿铭本人提出来的高度限制。贝聿铭说，在一定的面积需求下，通常的结果是盖出一幢笨拙且单一的建筑，唯一的解决办法是把建筑物的中心设计成一座拥有大空间的花园，借以将光和景带入内部办公室。问题在于，做一个什么样的花园？

莫平在1998年被派遣到中国，代表贝氏事务所负责中银总部项目的现场建设施工。他说，当时的限高是前面控制在45米之内，后面控制在55米之内，而中国银行要求的建筑面积总共17万平方米。在这样的条件下，他们反推出楼层布局，中间只剩一个小方洞用来采光。把这个方案拿给贝聿铭看，他不满意，说中庭一定要大，这是整个建筑的主体。莫平回忆："他即便不满意，也会看着你的眼睛，用那种很客气的句式说：'如果那样做会怎么样？我是这么想的……'让你感觉不是在命令你，让你心甘情愿为他工作。"为了省出更多空间给中庭，贝聿铭建议压低层高，把层高降至3.45米，而普通的办公楼层高标准是4.5米。这样，最终在建筑内部形成一个通透的中庭，一方面给在里面办公的人提供充足的采光，另一方面也向城市开放，让行人可以看进来，甚至可以步行穿越，沿45度角穿过南门和东门，中银大厦的景观也就变成了都市景观。莫平说，贝聿铭希望夜间也可以有通透的效果，强调过好多次要把里面打亮，"要像灯笼一样"。

整栋中银大楼都用石材包裹，外立面是意大利米色凝灰石，外部地面则用中国灰色花岗岩铺就，这一切都暗示着整个银行的坚不可摧。面向城市的通透中庭平衡了这种笨重感，让这幢楼变得轻盈起来。同样参与了中银北京项目的司徒佐告诉我们，本来作为中国银行总部，这幢楼里是不用安排日常业务的，但中庭里后来却

北京中银大厦中庭

增设了一个营业厅，这也是出自贝聿铭的建议。他认为，通过空间的人气化、透明化和开放化，可以创造充满象征意义的现代银行总部。对银行来说，让什么人都可以来，什么人都可以用，也会增强一种仪式感。

中银大厦的主入口在东南角，长安街和西单大街交界的十字路口，贝聿铭将这个角形容为“关节点”。朝向这个角的玻璃幕墙同样出现了纵向的菱形图样，与中银香港遥相呼应，最下端的入口处却是一个圆形玻璃雨篷。莫平说，这里本来会出现一个尖角，他们吸取了香港的风水教训，有意用来弱化这种尖利，就戴了一个圆的“帽子”。贝聿铭后来说，这个玻璃雨篷的圆，好比人胳膊上的关节，“在这样一个‘关节点’位置上，只有通过一个圆，才能化解‘关节’上的力量”。

尽管坐落于离故宫不远的长安街上，中国银行并没有刻意追求外观上的传统样式。莫平记得，当时北京市要求，长安街建筑必须“穿衣戴帽”。但贝聿铭坚持不盖大屋顶，他说：“中式的文化不在外，而在于其内。我们在内部做园林，园林里的竹子是不是中国的？水池是不是中国的？假山是不是中国的？”所以他格外重视在中庭里如何做出一个现代园林。司徒佐说，这里面有中国传统园林里的山水石竹元素，但完全打破了原来的尺度，看上去是一个很现代的景观，比如挖了一个很大的圆形窗，有很高大的竹子，还有很有气势的石头。他记得，那组两米至五米高的石头是石林的，毛竹是从浙江安吉选到的，竹子有20多米高，竹叶不大，还有一点弯曲，这样看上去才有中国画里的意境。

贝聿铭后来说，中国银行的设计更是一种义务，是他对中国和父亲尽的义务——

我父亲属于当代中国的第一代银行家，一生都献给了银行业。在他那个时候，人们使用的是算盘，而今人们用的是电脑，一个世纪内的变化发展之大令人无法想象。以建筑来表达传统的延续性是很难的，但在某种程度上，我们在北京的中国银行项目中做到了这一点。

苏州博物馆：故乡的收梢

贝聿铭始终将苏州视作故乡，这里也是贝氏家族的根基所在。他85岁才决定开始做苏州博物馆，并将它亲昵地称为“我的小女儿”。在一生这么多项目中，苏州博物馆包含了贝聿铭更多的感情。他将对故乡、对自身的中国血统、对中国文化、对几何形体的热爱，都融合在了这幢建筑里。贝聿铭曾说，苏州博物馆是他的一部“自传”。

从20世纪90年代开始，就有人来找贝聿铭，想要他在苏州做些什么，来来去去苏州也经历了五六任市长。贝聿铭当时就说：

你们不用找我，你们重要的不是现代的高楼大厦，现在你们需要的是城市的保护方案，而且还必须把运河清理干净。苏州坐落于京杭大运河之上，也是当时的主要交通渠道，但多年以来受到了严重的工业污染。我说，如果你们不改善水质，这个城市就会衰败，他们对此也默认了。要真正改善河道水质其实很难——他们得从长江引水。于是我告诉他们，当苏州的水变干净了，我就会回来。

把运河清理干净——这个要求在当时其实很高，好像贝聿铭在有意拒绝。但他其实一直在以各种方式参与苏州古城的保护，并先派了大儿子贝定中去为苏州解决城市问题。已于2003年过世的贝定中是城市规划师，他曾参与1996年的“苏州，为新的中国塑造一座古城”项目，其中也包括对水质的改善。在关于这个项目的一本书的后记里，贝聿铭写道：

在新千年里，最重要的挑战就是，在中国前所未有的爆炸性现代化工业化浪潮里，如何保护中国的历史名城。而这也正是我请定中为老家苏州解决的问题。他和易道（EDAW）公司的同事一起，为苏州最敏感的区域制定了一套规章制度，目标是在保持和强调苏州历史特点的同时，找到古城区的重建和复兴之路。

贝聿铭等了很久，等到苏州有一定经济地位了，水的治理也有很多措施了，才开始做苏州博物馆。这时候，贝聿铭已经85岁，同样采用儿子的公司主持项目、他来做顾问的形式。

这一次，贝聿铭花了更多的时间来感受苏州。或许是因为年纪大了，他发现与故乡的情感羁绊越来越深厚。尤其是狮子林，贝聿铭喜欢将这里说成是自己的

“家”。可以理解，之前祖父在西花桥巷的家已经变成玉石加工厂的一部分，不再是他可以怀旧的所在，狮子林所承载和象征的园林才是他可以寄寓内心的地方。

他将几次“家宴”都设在狮子林里。张一苇说，因为狮子林里不能开火，于是特意找到了相隔一个弄堂的苏州民俗博物馆，那里有个专为供应民间小吃而设的餐厅，灶头很小，只能由总厨掌勺，其他大厨配合分碟上桌。宴会前一天，贝聿铭来到苏州，还对厨师提出要求，说能不能将苏帮传统菜做得像粤菜那样清淡，菜里不要勾芡，要吃得出地地道道菜的原味。他勾掉了前菜里的冷盘和水果，将第一道菜换上蟹黄小笼，才定下了菜单。为了照顾大部分客人的分餐习惯，他也想了很多办法。比如苏州名菜松鼠鳜鱼，本来是整条上桌，厨师采用200多克的太湖小鳜鱼，做成每人份的，这样每位客人面前都有一份有头有尾的缩小版松鼠鳜鱼。当时设在苏州民俗博物馆的那个餐厅已经搬移到附近，曾见证了其中一次宴席的餐厅老板沙佩智回忆，贝聿铭有两道菜吃了两份——红烧肉和鸡头米，因为太太不吃荤的和甜的，而这两样正好是他爱的。沙佩智后来将贝聿铭题字的放大复制品挂在新餐厅的入口照壁处：“天珍海味”，看上去寓意巧妙。据说贝聿铭几天后跟人说起：“哎呀，我前几天有个字写错了，应该是‘山珍海味’啊。”

贝聿铭这时也深深意识到，小时候苏州园林的生活经验为他带来了什么：一方面是领悟到人与自然的关系，另一方面是如何将建筑设计得令人振奋——

中国园林就像一个迷宫，置身其中，你很难一眼望尽，永远不能领悟全局。一进园林，你就会被美景吸引而驻足流连——这美景或许是一棵树、一块石头或者一隙光影。你漫步小径，或踱过小桥，沿着蜿蜒曲折的园路，永远步移景异……它关乎尺度，关乎散点透视，也关乎偶然——那种出人意料的欣喜。在设计空间时，建筑师也必须这样做，必须创造惊喜让人们去发现。可以使人向左、向右或向前，鼓励人们去看、去探索。

在这种心境下设计苏州博物馆，并不仅仅是贝聿铭对自己故土的回报，更显示了他对于历史重要性的坚实信仰。苏州博物馆也是继续他在香山饭店的实验——对于现代建筑和历史传统之间联系的探索，对于中国本土

苏州博物馆看起来更像一座现代园林

语言的寻找。与20多年前设计改革开放后的第一座饭店相比，贝聿铭在苏州博物馆项目上有了更大的自主性。但是，他面临的问题也更复杂。如果说香山饭店是要提醒一心迈向现代化的中国回望传统，那么在传统如盆景一样点缀的现代城市背景下，重建和复兴的含义则更加模糊。

在贝聿铭眼里，苏州离上海虽然只有八九十公里，不过和上海比起来，还是很传统、很保守，很多人还活在明清时那种理想的生活里。那是苏州的黄金时代，直到今天提到当年的大画家大诗人，苏州人还如数家珍。他清楚，与拙政园一墙之隔的苏州博物馆是个文脉主义建筑，当地政府想要的也是建筑文脉。“在这个项目上，我有机会将历史古迹融入21世纪的背景里，要做到这一点并不容易。至于用材就毫无悬念了，我选定了灰泥、石材。而颜色则是灰白结合。”尽管如此，贝聿铭想在苏州寻找的，是如何在中国如今林立的摩天大厦和真正的文化根基之间架设桥梁，是对中国传统的升华。从表面看，苏州博物馆更像是一个现代建筑——几何造型、片状山石、钢结构，都不是传统语汇，却有传统意境。苏州博物馆已经建成10多年，关于这座博物馆本身，关于它所开创的路径，至今仍有不少争论。

在某种意义上，苏州博物馆项目是最接近贝聿铭建筑理想的。他一生坚持现代主义，但在进入这一领域的一开始，就试图要超越早期现代主义的白板理论。在哈佛读书时，他曾打断格罗皮乌斯的讲课，争论说，“国际风格”不应该消融世界各地的不同风俗和特色。这位现代主义建筑的创始人回答说：“好啊，那你证明给我看。”贝聿铭提交了他的“上海艺术博物馆”方案和模型：这是一座两层楼的建筑，有好几个凉亭，还有淙淙流过茶园的溪水。他解释说，他的博物馆不同于西方模式，因为中国艺术在社会中所起的作用是不同的：

当你想到东方艺术时，你所考虑的是截然不同的事物。那是非常隐秘的——玉石、象牙、陶瓷都是这样的，甚至画卷也不例外。无论其长短，画卷是从不摊展开的；它们总是束之高阁，只有特殊场合才供人一饱眼福。因此，你不会在一座庞大的希腊式或罗马式复制品中展示这种艺术。因此，观看、展览这种艺术的环境必须区别于我们的西式博物馆。

苏州博物馆老馆——忠王府园林景观
蔡小川 摄

苏州博物馆室内

蔡小川 摄

贝聿铭是从一个馆长的角度入手设计苏州博物馆的。他当时的助手说，香山饭店对他打击很大，做好了以后就扔在那儿了，管理得一塌糊涂。博物馆也有可能会出现这种情况，藏品不佳，没人去看。从这方面说，他很在乎为中国留下一个好的文化建筑，同时也很在乎建筑建完之后的生命延续。贝聿铭请来美国大都会博物馆前亚洲部主任屈志仁（James Watt），还有上海博物馆的副馆长汪庆正，再加上苏州博物馆老馆负责文物的馆长，一起商量苏州博物馆应该展什么。讨论的结果是，将明清工艺作为未来展示方向，而且只做文物展陈，不做历史展陈。以前设在忠王府里的老苏州博物馆的展览，是从远古时代开始谈起，其实跟苏州关系不大，明清才是苏州文化的高峰期，尤以工艺为代表。贝聿铭还提议设立一个当代厅，他说，苏州所有的东西都是过去，也要面向未来，通过这样一个平台请大艺术家来做一些跟苏州有关的艺术，同时推动苏州艺术的发展，也能提高博物馆的国际地位。他请来三位国际知名艺术家来做开幕展——徐冰、赵无极、蔡国强。当时连赵无极的画进中国时的通关，都是贝氏事务所帮忙弄的。

如今的苏州博物馆里总是游人如织，既是来看展品，又是来逛园林。或者说，博物馆建筑本身就是其中最大的展品。从大门进入前庭，之后是主展馆，连接着一个露台，可以从这里观赏中央的池塘和花园。经由曲曲折折的人行步道，路遇一个八角形茶亭，又可以到达东西两翼的展馆。每一个展馆体量都不大，正适合明清工艺品的展示。而且高低起伏，错落有致，移步换景，与中国传统建筑的体验类似，正如贝聿铭所说："在中国，大宅子都是用有几进庭院来丈量的。家庭是基本的单位，中国人不爱张扬财富，所以筑以高墙。我们祖上的宅子里，花园是用来游玩的，有非常简单的黑色或红色的后门和灰瓦白墙。宅子里是一进又一进的庭院，有把花园建在墙内的传统。"而且在做一个当代体验的苏州博物馆时，他清醒地意识到依托和边界在哪里。他指着新馆与拙政园公用的一面隔墙说："这就是界线。"

贝聿铭在"苏而新，中而新"方面下了很大功夫。最大的问题是瓦。中国的专家要求他用瓦顶，贝聿铭不同意："我设计一个现代建筑，要我用瓦顶，不就是穿西装戴花翎帽吗？"对于苏州建筑来说，顶很重要，从一定高度俯瞰全是粉墙黛瓦，所以不能像香山饭店那样做一个大平顶，要做斜顶，但他不想用瓦。他一直反对

苏州博物馆“宋画斋”
蔡小川 摄

大屋顶，认为大屋顶是中国建筑最大的局限。撇开大屋顶，其实屋顶不是屋顶的概念，而是作为墙面的延伸，所以平整度要好，瓦片显然达不到这个效果。最后采用了青色花岗石材，便于养护，又能组合成贝聿铭签名式的立体几何空间。

贝聿铭说，在中国做建筑，不能想象不做园林。庭园和房间并没有明显的界限，是融为一体的。庭园也不能太大，通常都是按照人性化比例设计的。在他看来，园林的三个主要元素——水、植物和石头，是三件很简单的东西，但这上面却可以有丰富的变化。

苏州博物馆片石假山
蔡小川 摄

苏州的园林是诗人、文人、画家做出来的，他们把做园当成是作画作诗一样。可是现在那样的人才几乎没有了，我也不是这种人才，可是我还想要试一试。

水位于博物馆的中央，人们可以在不同的季节欣赏水里的植物和游鱼。而因为庭园不大，植物不在于名贵，而在于造景，每一棵树都是他亲自选的。贝聿铭专门设计了一个紫藤园，园林里有两株紫藤，代表老的苏州博物馆——忠王府里的文脉传承。忠王府里有一棵紫藤，号称由文徵明亲手栽种，他们从那里面修剪了十几个枝嫁接在新馆的紫藤树上，最后把剩下的部分都剪掉，只留下嫁接的部分作为主干。他的助手记得，他和贝聿铭第二次去苏州就去选了桂花树，因为博物馆开馆那天是中秋节。“贝先生已经想好，请人来这里弹琵琶，水面上漂着荷花，水边一棵桂花树，桂花飘香，明月当空。这是他要的意境，古人很多园林也是这种意境。”

苏州博物馆园林的视线焦点，是水池正对面的片石假山。十几块巨大的片石立在与拙政园相隔的白墙前，形如山水画，正所谓“以壁为纸，以石为绘”。尽管贝聿铭家族曾拥有的狮子林以石闻名，他也喜欢那种“爷爷挑石，孙子用石”的太湖石寓意，但是，他在做苏州博物馆时已经很难找到好的太湖石，也没有了当年叠石的技艺，于是决定换一种做法。贝聿铭想到了北宋画家米芾的山水画，米芾不求工细，多用水墨点染，自谓“信笔作之”“意似便已”，这也正是贝聿铭的旨趣所在，于是他尝试用一种三维绘画手法重塑米芾画中意象。助手们到全国各地找石头，最后在山东的一个石场找到十几块大石头，用钢线切割成片石，再运回苏州。助手回忆，贝聿铭就坐在池塘对面，指挥升降机把一块块石头吊上来又吊下去，不断地调整大小和位置。终于看上去差不多了，但石头又太过光滑，切割处过渡不自然，他们想了个办法，将人工切面敲毛，再用火烧，石片终于呈现出天然野山石的毛糙感和浑厚感。

2006年，在离开中国的前一天，贝聿铭提出，他想下午4点钟去苏州博物馆，一个人在里面走走看看。

苏州博物馆片石假山手绘图

而且要在观众在的时候，感受一下空间是怎么被人使用的。这个愿望最终没有实现。开馆后，贝聿铭从来没有静静地看过这个他倾注了情感的作品，而那也应该是他最后一次机会了。

苏州博物馆开馆后，贝聿铭的侄子贝念祺又留下两年，负责开发文创产品，因为贝聿铭认为文创也是博物馆设计不可缺少的一部分。贝念祺在某种程度上也在完成贝聿铭的心愿，想要好好观察一下博物馆怎么被人使用。他说，有一个90多岁的老人，在苏州博物馆开幕的第二天去参观，被问起印象时说："我觉得很舒服。"贝聿铭听到后很感动，认为这是最让他满意的评论——"再怎么设计，都是为人设计。要是人觉得舒服，我就成功了。"

抛开西方对东方的想象，贝聿铭仍可以说是一个中国贵族。他的贵族性不仅在于生活的讲究，更是一种精神上的圆融。他的哲学还是一种东方式的、与生活融合在一起的。他重视商业，也重视艺术，这也是中国人讲究的一种境界，一种平衡感。有人说贝聿铭没有建立理论，也可以说他的理论并不抽象，是和他的建筑结合在一起的。他的建筑是有血有肉的，有单纯性、高傲性，同时也有大众性。

如今去美国国家美术馆东馆看，会发现入口处的一面墙上刻的“贝聿铭”名字全被摸黑了，可见他的受欢迎程度。东馆馆长说，两次清洗这个墙面都洗不掉，因为太多人喜欢摸他的名字，说他是东方建筑师，摸他的名字会带来好运。

结　语

贝聿铭被称为“最后一个现代主义大师”，有人评价，在使现代主义成为美国公共机构的官方风格这方面，贝聿铭所做的贡献超过了任何其他建筑师。但贝聿铭本人似乎对冠在身上的各种标签毫不在意，也很少公开表达他的建筑哲学和建筑观点。他参加建筑师行业的会议时，很多建筑师热衷于表达自己的建筑观点和理念，乃至批评同行的东西；贝聿铭却总是不置可否，不表达自己的看法。这也引起了一些建筑师同行的不满，说他圆滑世故。但贝聿铭只是说：“我不属于任何流派，也没有投入任何建筑运动，吸引并群聚追随者，特别是青年建筑师，好让自己成为有品牌的建筑师，那不是我的方向。”

“贝聿铭没有固定的风格，这意味着他不会带着‘这个建筑应该是怎样’或者‘要用怎样的材料’这类预先的想法去开始一个项目。几十年来，他本着某种信念，绝不加入类似后现代主义、解构主义或者其他20世纪的‘主义’的流行趋势中。相反，他坚持现代主义的审美和一致的几何逻辑，非常精确。‘几何’是工具，而不是目的。”在珍妮特·斯特朗眼里，贝聿铭并不是那种口若悬河的理论家，而更像是一个有着基本话语的哲学家。或许，贝聿铭把有关自己的一切都交给了他的作品去解释，“他相信他的建筑自己能说话”。

附录

贝聿铭的儿子贝建中（右）和贝礼中
于楚众 摄

"在今天这个时代，他仍然会是一名伟大的建筑师"
——专访贝聿铭之子贝建中、贝礼中

2017年3月10日

约定去"贝氏建筑事务所"采访的那天，早春一场突如其来的暴风雪袭击了纽约，正担心采访是否能顺利进行，贝建中和贝礼中却相继如约而至，一边抖落身上的雨雪，一边为眼下的不便表示歉意。谦逊，温和，有礼，这是兄弟俩予人的共同印象。

贝聿铭给三个儿子分别取名定中、建中、礼中，又给唯一的女儿取名"莲"，"父亲给我们取的名字都很中国"，不过几个孩子中，只有外形最酷似父亲的贝建中可以说中文。"父母当年以为我们早晚要回到中国，所以没有特地教我们说中文。"贝建中解释。有趣的是，在熟悉他们的建筑圈里，建中（Chien Chung）和礼中

（Li Chung）的大名被提及得不多，反倒是自小父母对他们的昵称Didi（弟弟）和Sandi（三弟）成了广为人知的标签。

贝聿铭的三个儿子都算是“子承父业”，去世的长子贝定中是城市规划师，贝建中与贝礼中都成为建筑师，也在早期参与过父亲的很多大项目，直至1992年兄弟二人创立“贝氏建筑事务所”。事务所迎面的墙上有一幅大照片，贝建中提醒说，这是他们负责的中银苏州分行。从苏州到纽约，演绎了一个家族的故事，也成为近代中国故事的一个缩影。

我的父亲母亲

李　菁：贝聿铭先生回忆说，因为他的父亲比较忙，他幼年时跟母亲关系更亲近。你们是在什么样的家庭环境下长大的，是西式的，还是传统的所谓“严父慈母”的东方模式？

贝建中：我们完全是在西方教育下长大的。我的大哥是1944年出生的，我是1946年出生的。我和哥哥、弟弟之间说英文。父母并没有特别教我们说中文，因为他们想早晚会回中国，到那时我们自然就会说中文了。我的父亲来自上海、苏州，所以父亲会说上海话，母亲来自天津，她讲普通话，但有趣的是，他们都说广东话。我到妈妈家那边，听他们说普通话；到爸爸家这边，听他们说广东话，回忆起来很有意思。

贝礼中：我们虽然是在非常西方的环境中长大的，但是在家庭中，那种人际关系还是非常传统的中国式的。我们非常尊重父母和儒家的思想，这都是非常东方的观念。我们经常一起聚餐，即使我们都结婚了，我的母亲也会在周末将大家召集起来，吃饭或是进行其他活动。母亲去世后，我们依然常与父亲聚会。这种亲密感，正是家庭的重要所在。当然，从另一方面讲，我父母都经历过多年的美式教育，他们英文都讲得极好，可以说非常好地融入了美国的生活，而这种适应生活环境的能力，也帮助了我父亲的职业生涯。

李　菁：我知道你们的母亲不但出身优渥，也同样毕业于哈佛大学。为了贝聿铭先生的事业，她最终放弃了自己的事业。你们的父亲曾经说她是他“最好的顾问”，母亲对父亲的事业、对整个家庭意味着什么？

贝礼中：我非常高兴你们问到我母亲的事，我相信父亲对此也会很开心。在很多家庭，女性角色都被丈夫所笼罩。在我们的家庭中，父亲成功的前提就是我母亲的参与。我父亲总是在外忙碌，那时候我们上寄宿学校，母亲与我们很亲，但另一方面，这又让孩子们与父亲有了一点距离，以让他能够全身心地投入工作。母亲也常常将我们聚在一起，夏天，我们会在郊外一起度假。

我的母亲是一位非常优雅、非常知性的女性。她从不惧怕说出自己的想法，这种直率对我父亲是很有帮助的。因为母亲也有建筑的造诣，当年在哈佛学的是景观设计，所以她知道建筑师这个行业有多辛苦。她有极好的品位，也总能将自己的好恶传达给父亲。我确定，她也帮助了父亲早年间的工作，而且给予了父亲极大的信心和支持。我父亲非常相信我母亲的眼光。他们互相尊重，十分恩爱，同时也都很有幽默感。我敢说，他们可以说是天作之合。

在时事、政治这些方面，我母亲要比父亲参与得多。她非常进步，也热心参与公共事务。她认为自己有责任，也对世事有自己的看法；我的父亲更加内敛，他很少在公开场合表达意见。其实他与我母亲基本上有共同的价值观，但他太出名了，所以必须对自己的言行更小心些，因为必须与许多人打交道。

贝建中：母亲的兴趣与父亲的兴趣相同，她对父亲的事业参与得比较多，父亲也相信她的眼光。从这一点上说，我不觉得母亲被父亲“遮蔽”。

李　菁：对祖父贝祖诒还有印象吗？

贝礼中：有印象，有印象，虽然我们并没有共处很长时间，但我们有非常温暖的牵系。我爷爷那时住在纽约，我们每年都能见到几次。我祖父对待我们就像我父亲对待他的孙辈一样，非常温暖慈爱，他总是笑呵呵的。

我的父亲和我的女儿关系非常好，他在她面前一点也不严厉，她也喜欢他，他们见了面，总是亲啊亲啊……在旁边注视这对爷孙俩真是很美好的事。我的女儿是第三代中最小的，是我唯一的孩子，今年刚19岁。她出生时，我的父亲已经80多岁了。我当时不知道父亲还有多长时间。我妻子总是陪伴他，而我的妈妈，也和我妻子非常亲近。你难以想象，这么多年我们每周都带女儿去见爷爷。他们关系非常亲，我相信我女儿是孙子辈当中与他最亲的一个。

建筑师之路

李　菁：1952年，贝聿铭先生在纽约郊区卡托纳为小家庭修建了一座私人度假屋，这是他的第一个私人住宅，是一座完全现代主义的建筑。你们对“建筑”的第一个概念是否来源于此？

贝礼中：是的，它的外形非常独特。也可以说它是我第一次认识现代建筑和我父亲工作、想法的窗口，因为我们观察了施工的全过程。虽然我不记得我们什么时候决定要做建筑师，但我想这栋建筑一定影响了我们。

李　菁：与父亲一样，你也毕业于哈佛大学建筑系。对你来说，成为建筑师是一件很自然的事吗？

贝礼中：不，完全不……但另一方面，当我最终做出这个决定的时候，我的老师们非常鼓励我，因为他们看到了我的才能，并鼓励我实现它们。其实我在大学时，有很多机会去教书。当然做一名建筑师最终是我的决定，我并不后悔，这是个神奇的领域。我们的经历比我父亲看起来更困难些，但我热爱它。

李　菁：贝建中先生在哈佛大学原本是学物理的，但后来也像父亲一样成为一名建筑师。这背后有什么故事，是父亲有意识地培养你子承父业吗？

贝建中：这是一个复杂的故事。其实我很喜欢物理和数学，而且早期我也上了很多计算机科学的课。我从那里面学到了不同的思考方式和解决问题的方式，我们叫作“科学方法”，这与其他一些建筑师的思考方式很不一样。当你学习“科学”的时候，它是一种非常缜密的方法论，我想这对成为一名建筑师也是非常必要的，但不是每个人都受过那种训练。

我成为一名建筑师，可能也与东西方不同的教育制度有关。当我在哈佛学习的时候，除了专业之内的课程，还要选其他领域的课。因为我对绘画之类的感兴趣，所以我也选了很多与建筑、艺术有关的课——我妈妈在卫斯理的专业是艺术史，所以我也选了很多艺术史的课。我后来发现，我上了很多与建筑有关的课。也许从某种角度看，我从物理专业到建筑专业，有点奇怪，但从哈佛大学的角度来看，又没有那么奇怪。

李　菁：在你们成长过程中，什么时候意识到父亲是一位“大人物”的？

贝礼中：上世纪60年代，我十四五岁时，当时父亲在费城主持一些建造住房的工程，我看到他设计的建筑，那时就有一种非常自豪的感觉。在高中时，父亲成了报纸上猜词游戏的人物，特别是在肯尼迪图书馆项目完工之后，他的名声更大了起来。当时我还在寄宿学校，突然就发现父亲上了头版，每一张新闻报纸的头版。那时学校里的每个人都知道他是我的父亲，那时我意识到为什么他被如此地尊敬。

李　菁：贝聿铭先生在建筑领域取得了巨大的成就，这对你们是一种压力吗？你们是否介意外界总是拿父亲的成就与你们的工作做比较？

贝建中：压力一定是有的，但压力不是坏事。我们并不是想与父亲竞争。正如刚才说的，优势也可能是劣势。我是乐观主义者，在我看来，做一名成功的建筑师，必须是一位乐观派。我习惯于看“作为贝聿铭的儿子”所带来的正面，而不是它的负面。我想压力是好事，它总是让我们做得好上加好。

贝礼中：这是一种躲不掉的压力，但我学会了如何与它相处。这是一个现实，我并没有感觉父亲的名声对我而言是一个负担。不过我非常小心地不让自己陷入他的名声中。他的成就不是我的成就。有的人会“子以父贵”，但这不是我的人生观。我以为，我们每个人都要为自己在同行中赢得尊重，他的成功激励我，让我做到最好。这的确是我唯一能做的。

李 菁：作为一名建筑师，你们从父亲身上学到了什么？

贝建中：建筑涉及方方面面，这也是我最喜欢它的原因。在事务所里，我们有在某些领域非常专业的人士，但是成为一名领导者，必须要知道一切事情。当然你不必对每个细节都了解得如专业人士一样，但建筑师必须给其他人以指导，包括与他们合作的工程师，比如结构工程师、空调工程师……如果你懂工程，工程师才会尊敬你。你要用足够的知识，去挑战他们，让他们做得更好。

从这个意义上讲，建筑师是最后一个“你必须知道一切”的行业。在西方文化里，我们称之为“文艺复兴人”——就像文艺复兴时期的米开朗琪罗，他既是一个绘画家、建筑师，也是雕塑家、诗人，文艺复兴时期的人似乎了解一切知识。今天是不可能了解“所有事情”的，但建筑师，我会认为是这个时代最后的“文艺复兴式的职业”。在我眼里，父亲就是这样一位了解很多方面知识的建筑师。

贝礼中：父亲的确有一种与众不同的综合能力。这一部分是由于他的文化背景，一部分是因为他总是对历史、文化和人都非常感兴趣，他为了理解这些背景，沉浸其中。在他开始设计之前，他必须了解这些背景知识。我也能感受到这些，但我并没有他这样的能力。

父亲设计多哈的伊斯兰艺术博物馆，就是可以解释这种能力的完美案例。除此之外还有法国的卢浮宫、日本的美秀美术馆……这些都要求他必须理解一种不同文化的本质和精髓。所以他旅行，阅读，学习，研究询问专家，向别人寻求意见，然后再去实地勘察。他曾经去阅历许多方面的事情，然后提炼其中的要素。他将建筑看作一种提炼的过程，它应该非常纯洁、清晰，这是他的追求。

这是一种融入各种环境后发现精髓的能力，这对他做公共建筑非常有帮助——父亲职业生涯的大部分设计都是公共建筑。我期望自己也能够做到，但我不认为我有这样的能力。当然，父亲也非常幸运，他职业生涯的大部分客户都是非常棒的人，他们总能给他很大的空间和自由。比如肯尼迪的项目、华盛顿的国家美术馆，还有德国总理科尔、卡塔尔酋长……他们都愿意让父亲可以独立工作，父亲也总能交出很棒的作品。

李　菁：你们会称父亲是天才吗？

贝礼中：是的，我会称他为“天才”。我不轻易用这个词，但我会这么形容他，或者说，他有超凡的能力。我之前提到了融会不同文化的能力，还有以知识分子的方式去观察、阅读和探索。他总是很有好奇心，又很有自制力，同时又很努力。他具有从现象中抽取本质的能力。有很多建筑师能想出奇妙的点子，但是切入核心，将想法提纯，这是特殊的才能，并不是每个建筑师都能做到。他也许是唯一一个。

很多人并不能像我父亲一样欣赏历史的妙处，他们认为新潮时尚才是建筑的核心。这不是我父亲的设计理念。他非常想理解建筑如何成为一个延续的整体的一部分，一个建筑成为永恒的、持续的历史的一部分，才是好作品。我们总是注意永恒的（timeless）、持久的（enduring）、必需的（inevitable），这些是我总会遇到的词语。作品的力量基本却又强大，才是持久的本质。这些词我用过太多次，但它们真的适用于我父亲的作品。

李　菁：与其他著名建筑师相比，贝聿铭先生非常特殊的一点是，即使90岁时也依然非常活跃，还设计了很多作品。是什么让他仍然保持如此旺盛的创造力?

贝礼中: 也许他的能量来自于他的好奇心，只要你对生活好奇，你看到一件事，就想理解它的本源。如果你抱有这样的好奇心，做任何事情，你都会想找到更好的办法。也许是这种特性使父亲更年轻了。你可以从他最近的建筑中看出来。

中国之缘

李　菁: 贝礼中先生现在负责香港中银大厦的翻新工作。众所周知，你的爷爷贝祖诒曾是中银香港分行的创始人，你父亲设计了香港中银大厦，对你来说，担负这样一个工作是不是有一种特别的使命感?

贝礼中: 这项工程到今年秋天差不多能完工，而2017年正是中银香港的100周年纪念。这个项目开始的契机，就是我祖父上世纪50年代主持修建了这栋建筑。这是一项非常有意义的工作。这使中银对我们而言，不像是客户，更像是老朋友。我们非常感激中银依然选择我们来完成这个项目，这是我们家族的荣耀。我每次告诉父亲关于香港项目的事，他都非常关注它的进展。我曾在80年代帮助他设计如今的香港中银大厦，多亏了中国银行的细心维护，这栋建筑至今依然状况极佳。它依然是香港的地标性建筑，也是中国银行在香港的象征。他们对这栋建筑的初心和对我们设计理念的理解，也显示了他们对我们的尊重。我父亲并未对这次的项目提出许多具体的建议，但他展现出的兴趣和信心，和对原本设计理念的了解，让我们知道应该如何改进这栋建筑。

李　菁：贝聿铭先生是在中国出生并长大的，东方文化的影响对他来说是与生俱来的；而对你们而言，你们在美国长大，你们如何获得东方的文化营养？

贝建中：我们当然是典型的在美国长大的华人，但在美国长大并不意味着我们就对中国文化不了解。我们家的情形是这样的：我父亲的大家庭在纽约，我母亲的大家庭也在纽约。在中国传统中，家庭是非常重要的。我们经常聚在一起，我的叔叔、阿姨都会来；另外，我的父亲从大学起就有很多中国朋友，他们经常聚会，吃中国餐。我想我对中国文化的了解就是从这一点一滴开始的，并不需要刻意去学。我年轻的时候，中国大陆的大门还没有打开。1969 年，我在台北生活了三个月，那是我能接近大陆的最近的地方。当然一代一代继承得越来越少，像我的下一代，他们对中国文化的了解就比我少了不少。

贝礼中：我们并非在中国长大，我也不能说中文，我对此也很失望。我和哥哥都有西方的思想，但私底下的交流和家庭的生活方式，都是中国的。我认为这也是我们基因的一部分。当我遇到中国客户时，不会像西方人与中国人那样交流和做生意。我试图交流时更温和，我对客户更尊敬和友好，我试图做到这点。因为我观察过我父亲和人交流的方式，他可以柔中带刚。

李　菁：当你们1992年决定从父亲的事务所“独立”出来、自己成立事务所的时候，父亲给了你们什么建议？

贝建中：之前我们在父亲的事务所工作了很长一段时间，后来我们决定自己做。我去见他告诉他这个决定，他说：“好吧，如果你决定了，我会尽量帮助你们。”但他并没有说“这是一个好主意！”，或者“不，不，这是一个糟糕的决定！”，他只是说会尽力帮助我们。

李　菁：你们的事务所现在发展状况如何？相互之

间是如何分工的?

贝建中: 我们是一家中型事务所，规模并不算很大。我有我的团队，三弟有三弟的团队。我们的相处原则是这样的：我可以对他个人进行评论、建议，他也可以对我评论、建议，但我不会评价他的团队，他也不会参与我的团队。即使是客户，他们也想明确地知道自己是在同哪一个“贝先生”打交道。如果混在一起，团队糊涂，客户也糊涂。如果说分工，我在医疗建筑上面投入得更多一些。

李　菁: 我注意到你们的事务所有很多与中国的合同，你们会把业务有意识地向中国转移吗?

贝建中: 中国改革开放之后，建新建筑的需求非常强烈。但建筑数量太少。他们建了很多标准化的建筑，所以中国建筑师们接受的训练太少。用标准规模，标准的窗，标准的房子……看每个建筑，都差不多。我们当时尽可能给中国带来一些新鲜的东西，但如今，中国新一代建筑师与老建筑师不一样了，中国市场越来越大。我从父亲那里学习到的一件事是，我们应该帮助中国。但这并不意味着我们必须到中国。我们希望与中国方面紧密合作，并不仅仅是与我们的客户，还有中国的建筑师们，我们一起工作，也让中国的建筑师们了解我们和西方建筑师的工作方式。1979 年我与父亲一起参与了香山饭店的项目。将近40年过去了，现在中国的建筑师们越来越优秀。

在我看来，建筑就像自己的孩子一样，你希望它能尽量长久。可是中国的建筑物不太一样，它们往往不会“活”很久。比如在我帮助完成规划设计的某个城市，2013年的建筑都会被认为“老”了。这更多是因为设计一幢建筑时，其他因素考虑得不够，过了几年，就暴露出许多不合适的地方，被拆掉重建，这当然是一种浪费。

贝礼中：我们对中国有很大的兴趣，希望能帮助中国发展，这是我们在中国投入如此多的精力的原因。我们接受了西方教育，如今将我们的知识、技术和建筑实力带到那里，促进中国的进步。从90年代中期开始，我们目睹了中国的崛起。中国的建筑水平确实提高了——虽然还没有达到他们期待的那样。虽然我们对有些做法不赞同，但我们很高兴能够在中国工作。

李　菁：外界好奇的一点是，贝家第三代还会继续选择做建筑师吗？如果那样的话，将是一个传奇。

贝建中：连续三代都从事一个职业，这当然是一个很好的故事，但事实上这很难。孩子们都长大了，由他们自己决定自己的职业吧。

贝礼中：我的女儿刚刚19岁，她还需要学习很多。就像我父亲对我一样，我不对她施加太大的压力，或告诉她应该做什么。我希望她找到自己想做的事情，并热爱它。我希望能为她提供最多的机会，但她又能自主地做出选择。

李　菁：作为一名同行，你怎么评价父亲？

贝建中：在我眼里，在今天这个时代，他仍然会是一名伟大的建筑师，即便他是在70年前接受的关于建筑的训练。对一个建筑师来说，最重要的是什么？是眼界。而在我父亲的建筑里，他的眼界是一种超越时代的永恒。有的建筑师设计出来的作品，你一眼就能看出，噢，这是上世纪80年代的，这是2000年的，因为这就是他们在那个年代竭力想做的。建筑不是时尚，今年流行这个，明年流行那个……父亲的建筑风格，也是我们希望能达到的目标，就是这种超越时代的永恒。而创造伟大的经典，这才是一个建筑师的本质。

贝聿铭主要建筑作品年表

海湾石油公司办公大楼　佐治亚州，亚特兰大　1949—1950

这是贝聿铭第一次体会到真实的房地产开发，为了降低成本，这座建筑的设计采用了密斯的机械审美理念。这座建筑的成本仅为每平方英尺7.5美元，它所体现出的自信、谐调和优雅，预示着贝聿铭的事业成功起航。

齐氏韦伯纳普公司　纽约州，纽约　1949—1952

改建齐氏韦伯纳普公司1922年成立时的老办公室，是贝聿铭与齐肯多夫合作的第一个项目。为了凸显齐肯多夫在公司中的地位，贝聿铭把公司一角的总裁办公室设计为总部的中心。除去预算因素，这个作品体现了自然和建筑艺术的微妙平衡，也成为日后贝氏作品的决定性风格。《财富》杂志称其为“美国国内最出色的办公室室内设计”。

贝氏私邸　纽约州，卡托纳　1952

这个度假屋是一座四四方方的现代主义建筑，由于不受外部因素制约，它鲜明地表达了贝氏东西合璧的建筑语言。这套房子的基本理念是一房两用：一个封闭空间用于过冬，一个开阔的空间作为夏日度假屋。这是贝聿铭为数不多的私宅之一，1983年获得普利兹克奖时，贝聿铭在颁奖演说中将它比喻为“现代主义先锋之作”。

里高中心　科罗拉多州，丹佛　1952—1956

位于丹佛市中心，以一座23层的商用楼为中心，前面由一座两层的玻璃展厅做衬托，一旁还有一栋改建后的石灰岩银行建筑。贝聿铭开拓性地在市中心的商业建筑里实现了公共空间和私人空间的良好结合，尽管里高中心的租金不低，但仍然是丹佛空房率最低的写字楼之一。

路思义纪念教堂　中国台湾，台中，东海大学　1956—1963

当时贝聿铭还在齐肯多夫的公司工作，经过特批才以个人名义接下这个项目。因为这个项目拉近了自己与家乡的距离，贝聿铭投放了很多个人情感在设计中，运用融贯中西的经验，把故宫房顶的金瓦和哥特式大教堂的尖顶结合起来，整个教堂由四块弯曲的贝壳状板块组成，内高20米，没有任何支撑柱。建成后，宋美龄为路思义教堂举行了落成典礼。

基普斯湾广场　纽约州，纽约　1957—1962

在都市更新单调的经济模式下，基普斯湾的设计旨在把大规模城市住房项目做成建筑艺术品。面对有限的预算、官僚的限制，甚至公司内部保守派的阻挠，贝聿铭和齐肯多夫做出了相当大的努力。在这个项目里，贝聿铭的设计风格逐渐确立下来，虽然仍能看到密斯机械美学的痕迹，但也能明显发现贝聿铭正在向柯布西耶雕塑式的表达方式转型。

社会山项目　宾夕法尼亚州，费城　1957—1964

当时费城正在进行大刀阔斧的城市更新，社会山项目是最具挑战的一个，政府想要对该区域有选择地进行改造。贝聿铭团队的设计方案击败了竞争对手，获得委员会的赞赏。

麻省理工学院扩建项目　马萨诸塞州，剑桥　1959—1976

贝聿铭先是为麻省理工学院设计了一栋21层的塔楼，即现在的地球科学中心（绿楼），是当时剑桥最高的建筑。由于经验尚浅，设计中出现了一些失误，最尴尬的是塔楼的门有时会因为风力作用而打不开，不得不重新改造。后来，麻省理工又请贝聿铭设计了德雷福斯化学楼、朗道化工楼和威斯纳馆。

东西文化中心　夏威夷州，马诺，夏威夷大学　1960—1963

贝聿铭接手了总体规划，最后真正参与建设的有一座办公楼、一座剧院和一栋宿舍。这三栋一脉相承的建筑既能与校园整体完美整合，在造型上又自成体系，在其他建筑的映衬下独树一帜。

纽约大学广场　纽约州，纽约，纽约大学　1960—1966

这是贝聿铭自立门户后接手的第一个项目，标志着他10年城市重建时代的结束，从此进入更大的建筑美学发展空间。贝聿铭还特地争取到7.5万美金购买毕加索的作品《希薇特半身像》，用来装饰大学广场出口。

国家航空公司航站楼　纽约州，纽约，肯尼迪国际机场　1960—1970

为了在面积有限的航站楼里实现复杂的人流交通，贝聿铭团队苦思冥想两个星期，最终贝提出一个环形示意图使问题迎刃而解。虽然后来又经历了几番修改，但最初的基本设计几乎纹丝未动。充满雕塑感的古典建筑形式、精湛的技术水平，以及对管理大量流通人群的解决方案，是贝聿铭设计哲学中一个重要的标志。

美国国家大气研究中心　科罗拉多州，博尔德　1961—1967

基普斯湾项目之后，贝聿铭开始感到低成本住宅的局限性，并想要做一些不一样的项目，这个项目就是美国国家大气研究中心，这是他第一次有机会将建筑视为一种艺术形式。这座位于落基山脉脚下的建筑既充满艺术感，又与四周的自然景观融为一体，它的成功还为贝聿铭带来了决定其职业生涯的重要项目——肯尼迪图书馆。

艾弗森美术馆　纽约州，锡拉丘兹　1961—1968

贝聿铭说，艾弗森美术馆既是对之前作品的总结，又是在此基础上一个决定性的进步。这座美术馆被赞为“用于收藏雕塑的雕塑，用于展览艺术的艺术品”。以它为起点，贝聿铭随后又完成了很多博物馆的建造，它同时也是一个缩微版的国家美术馆的前身。贝聿铭甚至动用自己在艺术界的人脉为艾弗森美术馆收来一些“镇馆之宝”，包括入口处的亨利 · 摩尔雕塑。

联邦航空局空中交通管制塔　多个地点　1962—1965

肯尼迪上台后，提出改善联邦政府大楼，其中一项就是设计统一的联邦航空管理局空中交通管制塔。经过与诸多顶尖建筑师的角逐，贝聿铭的设计作品中选，这一胜利让贝聿铭与肯尼迪夫妇有了联系，此后，他迅速成为美国国内建筑界的明星。

克里奥·罗杰斯纪念图书馆　印第安纳州，哥伦布市　1963—1971

哥伦布市被称为“草原上的雅典”，知名建筑设计师的作品比比皆是，不过它们之间往往毫无联系。贝聿铭意识到这个分散化的问题，于是将图书馆设计为城市中心的一个公共空间，让人们到这里欣赏艺术、音乐。

美国人寿保险公司（威尔明顿总部）　特拉华州，威尔明顿　1963—1971

贝聿铭的父亲曾于1932年至1942年任美国人寿保险公司董事，与集团创始人斯塔尔是多年的老朋友，所以这次斯塔尔邀请了贝聿铭设计位于威尔明顿的公司总部。这栋建筑采用了混凝土技术和大跨度结构，由贝聿铭完成前期设计，他的合伙人阿拉尔多·科苏塔完成后半部分。

肯尼迪图书馆　马萨诸塞州，多切斯特　1964—1979

1963年肯尼迪总统宣布建造图书馆仅一个月后便遇刺身亡，肯尼迪图书馆面临的形势是美国历史上前所未有的。1964年12月13日肯尼迪家族正式宣布由贝聿铭负责图书馆项目，消息一出，贝聿铭一下子登上各大报纸头版，一夜之间名扬四海。虽然后来图书馆几经波折才建成，也成为贝聿铭职业生涯中最大的遗憾，但这个项目的高曝光率使贝聿铭成为美国家喻户晓的人物，甚至在一定程度上帮助贝聿铭得到了国家美术馆东馆项目。声名大噪的贝聿铭于1976年获汤玛斯 · 杰佛逊纪念奖章，1978 年获美国室内设计师协会埃尔希 · 德 · 沃尔夫奖，1979年获美国建筑师学会金奖和美国艺术文学院建筑学金奖，美国建筑界宣布1979 年为“贝聿铭年”。

得梅因艺术中心扩建项目　爱荷华州，得梅因　1965—1968

得梅因艺术中心于1948 年由伊利尔 · 沙里宁（Eliel Saarinen）初建成，后依次经贝聿铭和理查德 · 迈耶（Richard Meier）扩建。1965年理事会主席克鲁维尼亚找到贝聿铭时，他不到一刻钟就起草了一张设计图，这个草图和最后完成的建筑几乎丝毫不差，贝聿铭出众的创造力让克鲁维尼亚目瞪口呆。1969年贝聿铭的得梅因艺术中心和艾弗森美术馆均获美国建筑师协会的国家荣誉奖，创造了美国建筑师协会历史上的新纪录。

加拿大帝国商业银行　加拿大，多伦多，商业广场　1965—1973

作为一个现代派设计师，贝聿铭不可避免受到密斯的影响，而没有什么摩天大厦建造经验的他，这次是要与地标式摩天大楼的鼻祖正面交锋。贝聿铭既要设计出一个银行大厅与对面密斯设计的摩天大楼抗衡，又要保证留出一定场地作为公共空间，是一次不小的挑战。

达拉斯市政厅 得克萨斯州，达拉斯 1966—1977

达拉斯市政厅是贝聿铭在这之前所有作品的一个总结，只不过更雄伟、更大胆。当时的达拉斯市长埃里克·琼森野心勃勃地要把新市政厅建成“世界最佳城市里最出色的建筑”，来取代原来的建筑（正是在这里，肯尼迪遇刺案的凶手在全国电视观众面前被射杀）。由于预算问题，市政厅项目进行得很不顺利，引来了不少政界的冷嘲热讽，这是贝聿铭第一次置身“骂声一片”的境遇。

贝德福德–史蒂文森超级街区项目 纽约州，布鲁克林 1966—1969

1966年贝聿铭接受参议院罗伯特·肯尼迪（肯尼迪总统的弟弟）的邀请，对全国第二大黑人贫民窟的所在地贝德福德–史蒂文森区进行改造。贝聿铭选定一个区域作为“超级街区”计划的试点，事实证明产生了一定的积极影响。但随着1968年罗伯特·肯尼迪遇刺，整个计划夭折，只留下这个“试点街区”。

赫伯特·F.约翰逊艺术馆 纽约州，康奈尔大学 1968—1973

这是贝聿铭的第三个博物馆项目，比前两个都要复杂，艺术馆的赞助人是大学校友赫伯特·F.约翰逊，他指明要让贝聿铭这个建筑界的新星来操刀设计。虽然外界对这个建筑反响良好，但贝聿铭本人却不甚满意，认为自己在建筑和雕塑的功能平衡性上栽了跟头。

保罗·梅隆艺术中心　康涅狄格州，沃灵福德，乔特中学　1968—1973

这个项目开始的时候，男女同校制的风潮刚刚兴起，梅隆艺术中心实际是乔特中学和罗斯玛丽霍尔中学合并的标志和沟通的门户，上校区的女生和下校区的男生要想见面，梅隆艺术中心的露天广场是他们的必经之路。贝聿铭说，这是一个“圈套”，让那些对艺术并不感兴趣的人也有机会接受艺术的熏陶。

国家美术馆东馆　华盛顿哥伦比亚特区　1968—1978

东馆是美国国家美术馆的扩建部分，位于一块3.64公顷的梯形地段上，附近多是古典风格的重要公共建筑。除了要对原有建筑起到补充作用外，同时还要与周围的古典主义建筑和谐相处，使新馆与旧馆联系起来。这个项目奠定了贝聿铭作为世界级建筑大师的地位，当时的美国总统卡特称“它不但是华盛顿市和谐而周全的一部分，而且是公众生活与艺术情趣之间日益增强联系的象征”。1983年贝聿铭获普利兹克奖，评审团评价这位善用光线、空间和几何图形的大师说：“他创造了本世纪最美丽的内部空间和外部造型。”

来福士广场　新加坡　1969—1986

这是贝聿铭职业生涯中规模最大、耗时最长的项目，当时新加坡的开国元勋正在着手把新加坡从一个偏远的贸易港口转变为国际性的银行业和商贸中心，后来新加坡经济进入萧条期，项目暂停了10年才重新启动。前后持续的17年中，客户和项目变了，选址也从临水的岸边转到了中心区域，虽然遇到诸多问题，来福士广场的项目最终得以完成。

华侨银行中心（华厦） 新加坡 1970—1976

华侨银行是新加坡最大的私有银行，总裁丹斯里陈振传是贝家世交，他表示要建造一座“全国性地标建筑”，要能“抓住所有人的眼球”。陈振传要求贝聿铭一定要体现华厦“坚如磐石”的企业信条，并且做出一个高举拳头的姿势，而华厦的双核设计正是受到这个手势的启发。为了建成这栋摩天大厦，贝聿铭决定把它做成三栋15层的塔楼叠加在一起的效果。当地人认为这个设计其实是“贝”字的缩写，不过贝聿铭否认了这种猜测。

劳拉·斯佩尔曼·洛克菲勒学生公寓 新泽西州，普林斯顿大学 1971—1973

1969年9月，普林斯顿大学第一次招收了女性本科生，为了满足时代的新要求，董事会开始进行场地考察。普林斯顿校友劳伦斯·洛克菲勒邀请贝聿铭设计一栋女生公寓，这一建筑以劳伦斯的祖母命名，以纪念她生前为女性平权事业做出的努力。

IBM办公楼 纽约州，帕切斯 1977—1984

这栋本来是为雀巢公司设计的总部大楼，动工之后雀巢公司出现业绩滑坡，遂将半成品卖给了IBM。动工之时，贝聿铭向民众保证，这个建筑会是个“好邻居”，这不仅是身为建筑师的承诺，更是他作为社区一员的心声——贝聿铭自己的一所房子就在不远的卡托纳。贝聿铭曾在10年前与IBM纽约办公楼项目失之交臂，又因汉考克大厦的失败而遭冷遇，现在拿下这个项目意味着他又重新回归了现代建筑最大的赞助人之一的怀抱。

波士顿美术馆项目 马萨诸塞州，波士顿 1977—1986

波士顿美术馆在改建之前设施老旧，急需温控系统，而且赤字严重，游人稀少。贝聿铭设计的波士顿美术馆西翼以及对老馆的改建，不仅挽救了百病缠身的波士顿美术馆，也帮他在波士顿重拾了名誉（1973年汉考克大厦掉落的一块玻璃让贝一下子成了众矢之的）。

得克萨斯商业银行大厦 得克萨斯州，休斯敦，联合能源广场 1978—1982

当时的休斯敦正以令人眼花缭乱的速度发展着，CBD区的摩天大厦在设计和用料上争奇斗艳。贝聿铭和助理合伙人哈罗德·弗雷德伯格联手设计了这座高达314米、经典而又独特的塔楼。贝聿铭还特意去米罗工作室，说服米罗把一座名为《人与鸟》的雕塑放大到55英尺，用来装点大厦旁的广场。

威斯纳馆 马萨诸塞州，麻省理工学院 1978—1984

在贝聿铭为麻省理工学院设计的建筑里，威斯纳馆是最小也最富有挑战性的。贝聿铭决定让建筑师和艺术家从早期设计就开始密切合作，建立一个集成环境，让艺术和整个建筑融为一体。与其说成果重要，不如说过程更具意义，它要求艺术家受到建筑规则的制约，建筑师在一定程度上放弃控制，二者共同完成整个作品。

香山饭店 中国，北京 1979—1982

香山饭店是一座融中国古典建筑艺术、园林艺术、环境艺术为一体的四星级酒店，贝聿铭用自己祖籍苏州风格的白灰泥墙取代北京常用的赭石色墙，还特地请来75岁高龄的烧窑工匠，想在保证建筑现代风格的同时，保留中国的传统元素，帮助祖国从千篇一律的苏联模板里挣脱出来。由于这是受中国政府直接委托的项目，在建造中他始终面临着诸如“为什么在中国建楼要听美国人的”这种问题，贝聿铭需要不断努力解释自己的计划和设想，以获得领导和本土建筑师的支持。关于香山饭店，东西方评论众口不一，西方误以为它是后现代风格，中国方面则以它不够“现代化”颇感失望。后来的香山饭店与贝聿铭最初的理念背道而驰，成为他心中的一个遗憾。

莫顿·梅尔森交响乐中心　得克萨斯州，达拉斯　1981—1989

当贝聿铭成为莫顿·梅尔森交响乐中心的建筑师热门人选时，他刚刚完成了达拉斯市政厅的项目，贝聿铭认为自己不会在同一城市第二次被授予公建项目，一开始婉拒了邀请。后来委员会主席斯坦利·马库斯再次找到贝聿铭，希望他重新考虑，才有了这座与声学家拉塞尔·约翰逊（Russell Johnson）共同完成的交响乐中心。

中银大厦　中国，香港　1982—1989

贝聿铭的父亲是中国银行的创始人之一，1982年贝聿铭受托在香港建一座中银总部大楼。大楼地上70层，地下4层，是香港第三高的建筑物，仅次于国际金融中心及中环广场。大厦的外形像竹子的“节节高升”，象征锐意进取的精神，基座的麻石外墙代表长城，象征着中国。香港人相信风水说，有人说中银大厦的造型犹如一把三面钢刀：刀刃一面指向港督府，不久港督突发心脏病猝死；第二面遥指驻港部队军营（英军）；第三面指向汇丰银行，导致汇丰业绩倒退、股价大跌，后来汇丰颇有创意地在楼顶架起两个“大炮”，与中银形成“刀炮之战”以化解危机。

乔特罗斯玛丽科学中心大厅　康涅狄格州，沃灵福德　1985—1989

上一次合作，正值男校乔特中学和女校罗斯玛丽霍尔中学合并之际，贝聿铭设计了保罗·梅隆艺术中心。这时两校已然合并，但同样是以连接为主题设计一座建筑来统一整个校园。贝聿铭主要负责设计和选址，具体施工方面是他与伊恩·巴德合作完成的。那是贝聿铭退休之前的一段时间，工作安排得满满当当，在世界范围内从一个项目飞往下一个项目。

创新艺人经纪公司　加利福尼亚州，贝弗利山　1986—1989

相较于同期的其他项目，创新艺人经纪公司（CAA）显得不值一提，贝聿铭对美国的电影文化很感兴趣，于是接下了这个项目。CAA是贝聿铭设计最流畅、建造最精良的作品之一，CAA这一时代性极强的建筑为好莱坞竞争激烈的造星产业建立了一个中心，同时也把世界水准的建筑作品带进了洛杉矶。

摇滚名人堂和博物馆　俄亥俄州，克利夫兰　1987—1995

摇滚名人堂（Rock and Roll Hall of Fame）是一个西方摇滚乐界的成就奖，致力于表彰历史上一些最具知名度、最具影响力的艺术家、制作人，以及在一些重要层面通过摇滚乐形式影响整个音乐工业的人。接下这个项目时，贝聿铭坦言自己一点也不懂摇滚文化，唯一和摇滚打过的交道就是让孩子们把音乐关小点。事实上，正是孩子们坚持要他接下这个项目的。为了更多地了解摇滚文化，贝聿铭去看了演出，还进行了一周的摇滚之旅，最终完成了这座意义非凡的建筑。

“天使之乐”钟楼 日本，滋贺县 1988—1990

这个项目的客户是日本宗教团体的领袖人物小山美秀子，她在纽约见到贝聿铭，两位酷爱文化的人发现了彼此的很多共同点，由此贝聿铭得到了这个钟楼以及美秀美术馆的项目。贝聿铭的设计灵感来自于他1954年京都之旅中买下的一个“拨子”。钟楼高60米，顶部的50口钟全来自荷兰，神慈秀明会为钟楼施洗，并取名为“天使之乐”。1989年贝聿铭获日本高松宫殿下纪念世界文化赏“建筑终身成就奖”。

“大卢浮宫”项目 法国，巴黎 1983—1989（一期）、1989—1993（二期）

“大卢浮宫”项目毫无疑问是贝聿铭最重要的建筑作品，贝聿铭把原本松散的宫殿各部分整合起来，将它改造成一个真正的现代博物馆，然而有诸多政治阻碍、文化偏见和各方利益的博弈在等着他，项目的顺利进行离不开密特朗总统的支持。贝聿铭设计的玻璃金字塔被定为卢浮宫主入口的计划一公布，便引起轩然大波，法国媒体纷纷表示“绝对不能接受”“这是残酷的暴行”，更有人称这“既毁了卢浮宫又毁了金字塔”，但是密特朗总统力排众议，还是采用了贝聿铭的设计方案。随着时间的推移，反对言论逐渐被民众的赞誉取代，玻璃金字塔被称为是“卢浮宫院内飞来了一颗巨大的宝石”，频频出现在明信片、旅游宣传册乃至小学生的课本上。1993年密特朗总统授予贝聿铭“荣誉军团司令勋章”，并邀请贝聿铭一家到爱丽舍宫见证这一仪式。卢浮宫项目给贝聿铭提供了一个理想的平台，由此他顺利转入“退休后”的项目。

四季酒店 纽约州，纽约 1989—1993

四季酒店虽然算不上贝聿铭的代表大作，但从它身上却能看出贝聿铭“退休后”的项目所追求的标准。四季酒店位于纽约第五大道，平均客房面积为56平方米，比纽约同类客房的标准要大50%，高规格的建造使四季酒店成为美国当时最昂贵的酒店。

美秀美术馆 日本，滋贺县 1991—1997

钟楼项目之后，小山美秀子邀请贝聿铭设计一座美术馆以展示自己收藏的众多艺术品。美秀美术馆远离都市，位于一个原始山林的深谷，为了尽可能地将自然环境保留和复原，并保证道路通畅，贝聿铭先在山林间开辟出一条道路，然后在两座山的山谷之间兴建了一座吊桥和一条隧道通向美术馆。更特别的是整个建筑80%埋藏在地下，这样的建造方式是为了保护自然环境，并让美术馆与周围景色融为一体。

中国银行总部大楼 中国，北京 1994—2001

贝聿铭的两个儿子贝礼中和贝建中是主要建筑师，贝聿铭是该项目的设计顾问，主要负责中庭的设计。中银总部地处北京的黄金地段，由于场地在故宫附近，因此高度严格控制在148英尺之内。根据以往的经验，贝聿铭意识到客户的主要思路是追求现代化，所以在中银总部项目上传统文化的痕迹并不明显，整栋建筑由两栋“L”形的办公楼环绕一个180平方英尺的中庭组成。

卢森堡现代艺术博物馆　卢森堡　1995—2006

卢森堡长期饱受别国侵略，因此逐渐建成复杂的堡垒群。博物馆也正是建于要塞的防御墙上，直接依照原来的防御工事建成箭头形的设计。建造之初博物馆没有现成的馆藏，建造期间也饱受政治因素的干扰，贝聿铭克服诸多困难，用光线和几何体建立了历史与现代间的联系，这是他晚期作品中日益明显的一个特点。

德国历史博物馆（新馆）　德国，柏林　1998—2003

该馆由柏林旧军械库演变而成，战争前后曾历经多次重创和修复。贝聿铭参与设计的新建筑名为临时展览楼，是军械库的加建部分：在军械库庭院上空加建大玻璃天窗来连接新旧两楼，以螺旋形的步梯应对有限的面积；通过玻璃强调建筑的透明性，使昔日坚固而隐秘的军械库与现代的透明景观形成强烈反差。

奥尔亭　英国，威尔特郡　1999—2003

这个总面积只有289平方米的独立观景亭，是凯瑟克家族委托贝聿铭为奥尔别墅设计的，也作接待客人用。亨利·凯瑟克的夫人在日本参观了美秀美术馆后便迷上了贝聿铭的设计，提起这件事时，她的丈夫说刚好认识贝氏家族，于是便有了这次合作。贝聿铭设计的观景亭轻便、通风，还有空灵之感，在造型上极具现代性，又不失与周围环境的和谐感。

苏州博物馆　中国，苏州　2000—2006

继香山饭店、香港中银大厦和北京中银总部之后，苏州博物馆是贝聿铭在中国设计的第四件作品，也是贝聿铭把传统文化和园林艺术运用得最淋漓尽致的一件作品。无论是设计还是建筑用料，苏州博物馆都是现代与传统的优雅结合，它是贝聿铭对故土的一腔怀念，更是其个人文化与艺术成就的总结。

伊斯兰艺术博物馆　卡塔尔，多哈　2000—2008

2008年11月正式对公众开放的伊斯兰艺术博物馆是贝聿铭最后一个大规模作品，博物馆位于卡塔尔首都多哈的一个人工岛屿上，占地4.5万平方米，工程耗资3亿美元。为了抓住伊斯兰建筑的精髓，贝聿铭对选址和当地文化进行了很多研究，甚至不遗余力填海造陆作为地基。馆长艾尔·卡米尔曾说，“穆斯林世界的这个博物馆能够建起传统和现代之间的桥梁”，准确地说出了贝聿铭为了填平早期现代派和传统之间的鸿沟所做出的努力，这一作品的难度和重要性可以说在现代建筑史上是鲜见的。

G2